W0109190

KATHARINA SAALFRANK

WAS UNSERE KINDER BRAUCHEN

7 WERTE FÜR EINE GELINGENDE ELTERN-KIND-BEZIEHUNG

DIE GU-QUALITÄTSGARANTIE

Wir möchten Ihnen mit den Informationen und Anregungen in diesem Buch das Leben erleichtern und Sie inspirieren, Neues auszuprobieren. Bei jedem unserer Produkte achten wir auf Aktualität und stellen höchste Ansprüche an Inhalt, Optik und Ausstattung.
Alle Informationen werden von unseren Autoren und unserer Fachredaktion sorgfältig ausgewählt und mehrfach geprüft. Deshalb bieten wir Ihnen eine 100 %ige Qualitätsgarantie.

Darauf können Sie sich verlassen:
Wir bieten Ihnen alle wichtigen Informationen sowie praktischen Rat – damit können Sie dafür sorgen, dass Ihre Kinder glücklich und gesund aufwachsen. Wir garantieren, dass:
• alle Übungen und Anleitungen in der Praxis geprüft und
• unsere Autoren echte Experten mit langjähriger Erfahrung sind.

Wir möchten für Sie immer besser werden:
Sollten wir mit diesem Buch Ihre Erwartungen nicht erfüllen, lassen Sie es uns bitte wissen! Wir tauschen Ihr Buch jederzeit gegen ein gleichwertiges zum gleichen oder ähnlichen Thema um. Nehmen Sie einfach Kontakt zu unserem Leserservice auf. Die Kontaktdaten unseres Leserservice finden Sie am Ende dieses Buches.

GRÄFE UND UNZER VERLAG. *Der erste Ratgeberverlag – seit 1722.*

PF

ÜBER DIE AUTORIN

KATHARINA SAALFRANK studierte Pädagogik und Musiktherapie und legte dabei ihren Schwerpunkt früh auf den Bereich der Entwicklungspsychologie. Zunächst war sie in der Familienberatung unter anderem in einer kinder- und jugendpsychiatrischen Praxis als Diplom-Pädagogin tätig. Von 2004 bis 2011 war sie als Pädagogin in der quotenstarken RTL-Sendung »Die Super Nanny« zu sehen. Für ihre pädagogische Arbeit in dem Format wurde sie 2007 mit dem Deutschen Fernsehpreis ausgezeichnet. Seit 2009 bietet sie in ihrer eigenen privaten Praxis pädagogisch-psychologische Eltern- und Familienberatung, Kinder-Coaching und Supervision sowie Ehe- und Paarberatung an. Sie arbeitet bindungs- und beziehungsorientiert und stellt vor allem die konstruktive Beziehung zwischen Eltern und Kindern sowie die individuellen emotionalen Entwicklungsprozesse der Kinder in den Mittelpunkt. So hat sie viele Familien durch schwierige Situationen begleitet – ob während ihres Studiums, in ihrer Zeit als TV-Coach oder im Rahmen ihrer therapeutischen Praxis. Frau Saalfrank lebt mit Mann und vier Söhnen in Berlin. www.katiasaalfrank.de

VORWORT

Abschied von der Erziehung

Als Mutter habe ich mir – wie viele andere Eltern auch – vorgenommen, einiges anders zu machen, als ich es selbst erlebt habe. Ich habe Fachbücher gelesen, studiert, Neues ausprobiert und auch reflektiert. Als Pädagogin und Therapeutin schließlich dachte ich dann, Erziehung solle vor allem von Verständnis, Wertschätzung und demokratischen Regeln geleitet sein. Ich verstand das als Abkehr von der autoritären Erziehung, die moralisiert und straft, und als echte Weiterentwicklung hin zu einem zeitgemäßen Erziehungskonzept.

Heute weiß ich, dass auch moderne Erziehungsmethoden in erster Linie den Fokus auf das Verhalten von Kindern legen: Kinder sollen sich auf eine bestimmte Weise verhalten und sich den Vorstellungen der Erwachsenen anpassen. Für mich ist jedoch entscheidend, Gefühle und Bedürfnisse in den Mittelpunkt des Miteinanders zu stellen – die der Kinder und unsere eigenen. Hier dürfen Eltern eine neue wertschätzende Führungsrolle übernehmen. Es geht mir um eine tragfähige Beziehung, die auf einer sicheren Bindung zu uns Eltern aufbaut und die auch die emotionale Entwicklung des Kindes berücksichtigt. Das ist es, was Kinder brauchen. Nur so können wir eine warme Atmosphäre und auch eine kindgerechte Umgebung schaffen, in der sie sich nachhaltig gut entwickeln und gesund aufwachsen können und die es ihnen auch erlaubt, ihre individuellen Potenziale und Fähigkeiten zu entfalten.

Ich lade Sie deshalb dazu ein, die Idee des klassischen Erziehens hinter sich zu lassen und im Umgang mit Ihren Kindern vor allem auf das Miteinander zu schauen. So können Sie neue Wege für sich und Ihre Familie gehen. In diesem Buch möchte ich Ihnen sieben Werte an die Hand geben, die Sie – quasi als Kompass – dabei begleiten.

Ihre
Katharina Saalfrank

INHALT

Neue Wege

IM UMGANG

– mit unseren –

KINDERN

Eltern suchen Rat, weil sie besser mit ihrem Kind zurecht-
kommen wollen. Sie haben gemerkt, dass in ihrer Eltern-
Kind-Beziehung etwas schiefläuft, und wollen es gern anders
machen als früher. Sie suchen nach neuen Wegen. Vor allem
aber möchten sie, dass es ihren Kindern gut geht! Ein bezie-
hungsorientierter Umgang miteinander trägt wesentlich dazu
bei und ist Grundlage für eine vertrauensvolle Atmosphäre
innerhalb der gesamten Familie.

WIE FINDEN WIR
DIE »RICHTIGE« LÖSUNG?

Ich habe in den letzten Jahren immer wieder Eltern getroffen, die vor allem schnelle Lösungen von mir haben wollten. Immer wieder kam die Frage: »Was soll ich tun?« Oder: »Wie soll ich in einer schwierigen Situation handeln?« Diese Art, mit Problemstellungen umzugehen, kann in anderen Zusammenhängen sinnvoll sein. Um jedoch Kinder gut begleiten zu können, ist es wichtig, ihre ENTWICKLUNG zu verstehen. Wir sollten also nicht den zweiten Schritt vor dem ersten machen und uns zunächst fragen: »Was brauchen eigentlich unsere Kinder? Was brauchen sie grundsätzlich, um gut aufwachsen zu können und sich optimal zu entwickeln?« Da Kinder jedoch auch unterschiedliche Charaktereigenschaften mitbringen und vielfältige individuelle Persönlichkeitsmerkmale aufweisen, dürfen und müssen wir auch fragen: »Was genau braucht mein Kind?« Die Frage »Was soll ich tun?« beantwortet sich dann wesentlich leichter, denn die Antwort ergibt sich vor allem aus den emotionalen Bedürfnissen Ihres Kindes. Es ist also sinnvoll, genauer hinzuschauen.

Die Beziehung berücksichtigen

Um individuelle Antworten für Eltern in der Beratung zu finden, sind die Beziehungen der Beteiligten untereinander und die emotionale Ebene für mich zunächst von großer Bedeutung. Das heißt, ich arbeite auf der Beziehungsebene. Ich schaue mir die Verflechtungen an, was die Beziehung zum Beispiel zwischen Mutter und Sohn oder Vater und Tochter ausmacht, wie sie »funktioniert« und was man daraus ableiten kann. Sprich: Mein Blick auf die Zusammenhänge ist zunächst auf das System der Familie bezogen und beziehungsorientiert. Erst dann im zweiten Schritt geht es um mögliche Lösungen. Hiermit habe ich gute Erfahrungen gemacht. Dieses Vorgehen heißt aber auch: Es gibt keine Rezepte und es braucht ein wenig Zeit – es lohnt sich aber sehr und wirkt sich positiv auf das Zusammenleben in der Familie aus. Eltern können so zunächst auf die jeweiligen Bedürfnisse aller Beteiligten schauen: Was genau braucht dieses Kind und welches Bedürfnis entsteht in mir? Dies in elterlicher Verantwortung abzuwägen und daraus Lösungswege zu entwickeln, welche die aktuelle Situation, aber auch die Persönlichkeit des Kindes und die der Eltern berücksichtigen, ist ein wesentlicher Baustein der guten Eltern-Kind-Beziehung.

Kindliches Verhalten verstehen

Weiterhin können wir heute wichtige Erkenntnisse über das emotionale Wachstum und die Entwicklungsphasen von Kindern nutzen und daraus Konsequenzen für unser Handeln und Schlussfolgerungen für unseren Umgang mit Kindern ziehen. Aus meiner Sicht sind viele Forschungsergebnisse noch nicht oder noch nicht genügend in den Erziehungsalltag eingeflossen. Dabei sind Informationen und vertieftes Wissen über die emotionale, seelische und geistige Entwicklung grundlegend und Voraussetzung dafür, dass wir Kinder besser verstehen und ihr Verhalten den entsprechenden Entwicklungs- und Wachstumsphasen zuordnen können. Denn nur so können wir dann auch erkennen, was Kinder wirklich brauchen, und sinnvolle Strategien für einen guten Umgang mit ihnen daraus entwickeln.

Viele Erziehungsratgeber suggerieren jedoch, man könne Kinder nach Rezept »versorgen«, und verunsichern so mehr, als dass sie helfen. Denn sie verallgemeinern häufig und bleiben oft ausschließlich auf der Ebene der konkreten Handlungsanweisung für Eltern. Zwar mag die vorgegebene Lösung dann vielleicht auch manchmal passen. Aber weil Menschen individuelle Persönlichkeiten sind und Konstellationen und auch Situationen immer variieren gibt es eben

» nicht DIE Lösung und
» nicht die EINE Lösung und
» auch nicht die RICHTIGE Lösung
» und schon gar nicht DIE EINE RICHTIGE Lösung!

Was im Umkehrschluss allerdings auch bedeutet: Es gibt auch nie wirklich die »falsche« Lösung. Ich empfinde diese Erkenntnis als äußerst entlastend für uns Eltern.

Es gibt also kein wirkliches »Richtig« oder »Falsch«. Und doch fühlt sich manches richtig oder falsch, gut oder auch nicht so gut für uns Erwachsene an. So finden sich erst mal einfach nur Lösungen. Und manche dieser Lösungen, die wir uns ausgedacht haben, »funktionieren« und manche »funktionieren« manchmal eben auch nicht. So machen wir ganz viele spannende Erfahrungen und probieren uns in der Beziehung zu unseren Kindern aus. Das dürfen wir als Eltern und entwickeln uns dabei mit unseren Kindern weiter und wachsen als Eltern auch immer ein gutes Stück mit!

Das eigene Handeln reflektieren

Auch die Frage, warum wir etwas tun oder nicht tun, steht vor der Frage, was wir tun können. Das heißt: Zunächst Gedanken sortieren, Haltung überdenken und erst dann handeln. Denn wenn wir für uns selbst unser eigenes Verhalten und Handeln verstehen und dann auch erklären und begründen können, können wir auch die Beziehung zu unseren Kindern stimmig gestalten. Leider nehmen wir uns im Alltag für die Selbstreflexion häufig zu wenig Zeit: Oft sind wir deshalb unentschlossen, reagieren zu schnell und überlegen vor unserer Entscheidung nicht genau, auf welcher Grundlage wir sie treffen.

Die 8-jährige Veronika ist aufgeregt, weil sie mit ihrer Familie in den Urlaub fahren wird. »Kann ich noch schnell heißes Wasser in die Thermoskanne füllen und Apfeltee für die Reise machen, Mama?« Ihre Mutter schaut vom Koffer hoch, den sie gerade zu schließen versucht. »Nein, finde ich nicht gut.« – »Warum nicht?«, fragt Veronika. »Ich bin auch vorsichtig im Auto.« – »Nein!«, beharrt ihre Mutter. Veronika guckt verständnislos. »Schade …«, sagt sie enttäuscht.

Ihre Mutter schaut hoch: »Warum eigentlich nicht?«, beginnt sie einen inneren Dialog mit sich. »Warum will ich das jetzt nicht?«, fragt sie sich prüfend und findet folgende Antworten:

»… weil ich die Befürchtung habe, dass die Zubereitung zu lange dauern könnte, und wir jetzt zügig los wollen?

… weil ich nicht will, dass Veronika in der Küche mit heißem Wasser oder im Auto mit heißem Tee hantiert?
… weil ich gerade gestresst und angestrengt bin und nicht in Ruhe darüber nachdenken kann, ob es sinnvoll ist, Tee mitzunehmen?«

»Mama, das Wasser im Kocher ist schon etwas abgekühlt«, ruft Veronika, als ob sie die Gedanken ihrer Mutter gelesen hätte. »Ich könnte schnell die Teebeutel reinhängen und mache die Kanne auch nicht ganz voll, dann können wir unterwegs warmen Tee trinken. Papa fährt doch, da kannst du mir beim Einschenken helfen, damit nichts danebengeht.«

»Eigentlich eine gute Idee«, schließt Veronikas Mutter ihren inneren Dialog ab und entscheidet sich um. »Ja, du hast recht, Veronika. Das ist eine gute Idee, wenn das Wasser schon etwas abgekühlt ist und die Kanne nicht ganz voll ist, dann können wir das so machen.«

Veronikas Mutter konnte hier in einem inneren Dialog mit sich selbst in einigen Sekunden das WARUM für ihren ersten Entschluss (»ich will es nicht«) überprüfen. Und sie konnte sich auf dieser Basis schließlich anders entscheiden (»gute Idee«). Neben dem Warum ist aus meiner Sicht jedoch auch das WIE entscheidend (»reagiere ich wertschätzend oder grob?«). Die Situation hätte auch so ausgehen können:

»Nein«, denkt Veronikas Mutter. »Ich möchte es jetzt einfach nicht, meine Bedenken sind zu groß und es ist mir gerade zu viel.« Sie ist innerlich entschieden und antwortet: »Veronika, eigentlich eine gute Idee! Für eine andere Fahrt. Wir haben jetzt schon Getränke im Auto. Das nächste Mal denken wir früher dran.«

Veronikas Mutter vertritt hier freundlich ihren Standpunkt und ist geduldig geblieben. Das gelingt uns nicht immer – und doch ist es grundlegend im Umgang mit Kindern. Mir ist wichtig, dass wir darauf achten, wie wir miteinander umgehen, unabhängig davon, zu welchem Resultat wir gekommen sind. Beide Lösungen sind nachvollziehbar und doch so verschieden.

So einfach, wie wir es gerne hätten, ist es mit den vermeintlich richtigen Lösungen also nicht. Denn es geht immer darum, eigene Wege für sich zu begründen und dabei auch die Individualität der einzelnen Beteiligten zu berücksichtigen. Alles andere würde menschlichen Beziehungen und dem Leben mit Kindern nicht gerecht! So sind wir also auf der Suche nach Orientierung und die vielen gut gemeinten Ratschläge – aus Büchern, dem Internet, von der Oma, von Freunden … – führen meistens nur zu einem: zu Ratlosigkeit.

Ratlos? Das ist auch eine Chance!

Aber ratlos zu sein, das ist nicht schlimm! Ratlosigkeit ist zwar kein schönes Gefühl, denn es macht uns erst mal hilflos und manchmal auch handlungsunfähig. Wir können Ratlosigkeit aber auch nutzen – als Chance, Platz für neue Gedanken zu schaffen. Niemand weiß immer alles und schon gar nicht sofort. Gerade in der heutigen Zeit, in der wir oft ruhelos durch das Leben hetzen und ständigem, rasantem Wandel ausgesetzt sind. Wir können – und dürfen – also auch einmal innehalten und uns Zusammenhänge anschauen. Es ist erlaubt, ratlos zu sein! Denn dann können wir überlegen, was uns wirklich wichtig ist. Aber früher, da wussten doch alle immer alles ganz, ganz genau! Oder? Da schien es klar, wie man mit Kindern umgeht. Warum also erscheint es heute so schwierig? Es liegt im Wesentlichen am gesellschaftlichen Wandel: Das Frauen- und Mutterbild hat sich stark verändert. Frauen sind heute viel häufiger berufstätig. Die Scheidungszahl ist gestiegen, die Geburtenrate ging zurück und es haben sich neue nicht eheliche Lebens- und Wohngemeinschaften mit und ohne Kind herausgebildet. Wir haben es also heute mit einer größeren Vielfalt von Familienformen zu tun. Das heißt auch: Es gibt keine allgemeingültigen Werte mehr. Die Vorstellung, so und nicht anders hat Familie zu sein, so und nicht anders müssen Kinder erzogen werden, ist überholt. Das verunsichert Eltern natürlich. Diese Entwicklung eröffnet andererseits jedoch die Möglichkeit, persönliche Vorstellungen herauszubilden und neue Lebenskonzepte zu entwerfen.

Kennen Sie noch den Satz aus Ihrer Kindheit: »Das macht man nicht!«? Bestimmt! Dieses unpersönliche MAN mit seinen unendlich vielen Regeln und Normen, die es transportiert, lässt kaum Raum zum Hinterfragen. Und obwohl wir es heute anders machen wollen, bestimmt das »Man« ganz oft noch unser Handeln im Umgang mit Kindern. »Das macht man nicht!« ist ein immer wiederkehrender, unterschwelliger Vorwurf, den Eltern ihren Kindern häufig unbewusst machen. Er symbolisiert überkommene Werte wie Gehorsam, Anpassung und Unterwerfung. Allerdings wissen wir heute sehr viel mehr über die kindliche Entwicklung und darüber, was Kinder brauchen. Deshalb fühlen wir uns auch nicht mehr wohl mit einem autoritären Erziehungsstil. Wir wollen einfühlsame und verständnisvolle Eltern sein. Dieser Rollenwechsel ist eine Herausforderung!

Die authentische Elternpersönlichkeit

Wir stellen heute vieles, was früher für den Umgang mit Kindern gegolten hat und was wir selbst vielleicht noch erlebt haben, infrage. Wenn wir uns die Geschichte der Erziehung anschauen, dann ist das auch notwendig. Das ist die gute Nachricht! Und was ist die schlechte? Die »schlechte« Nachricht ist, dass wir nun selbst unseren Weg als Eltern suchen müssen, dass wir uns aufmachen müssen, neue Werte und Prinzipien zu finden, zu erproben und zu leben. Werte, die zu uns und unserer Familie passen! Das Positive daran: Wir müssen das nicht nur, wir DÜRFEN es auch! Wir verstecken uns nicht mehr hinter dem »Man«, sondern zeigen uns mit unserer gesamten Persönlichkeit, unserem Gefühl und so auch mit unseren vermeintlichen Schwächen. Das ist erst mal neu und ungewohnt, denn wir sind dadurch auch angreifbar und müssen uns selbst hinterfragen und hinterfragen lassen. Für Kinder jedoch ist es wesentlich, dass wir Eltern für sie sichtbar sind, denn sie wollen wissen, was wir denken und fühlen. Sie brauchen glaubwürdige, authentische Eltern.

» UNSERE KINDER BRAUCHEN ELTERN,
DIE VERANTWORTUNG ÜBERNEHMEN,
DIE IHRE EIGENEN GRENZEN KENNEN
UND DIE AUTHENTISCH SIND. «

WAS ELTERN
WIRKLICH WOLLEN

Es scheint auf den ersten Blick vielleicht einfacher gewesen zu sein, sich allein daran zu orientieren, was gesellschaftlich anerkannt war. Oder anders ausgedrückt: sich anzupassen! Auf keinen Fall jedoch war es besser. Das wissen wir heute.

Nehmen wir den AUTORITÄREN ERZIEHUNGSSTIL, der zwar eine klare Orientierung bietet, der aber nur funktioniert, weil er vor allem von Macht und damit auch oft von Gewalt, Angst und Unterwerfung geprägt ist. Heute wissen wir, was ein solcher Umgang mit Menschen macht und dass fehlende emotionale Wärme das gesunde Aufwachsen von Kindern gefährdet. Ein solcher Umgang beeinträchtigt das Selbstwertgefühl und die Selbstständigkeit, unterdrückt die Kreativität, fördert Aggression und Abhängigkeit und führt im schlimmsten Fall zu psychischen Störungen, die oft erst im Erwachsenenalter sichtbar werden. Viele Eltern wollen es deshalb anders machen: Verständnis, emotionale Wärme, Wertschätzung gegenüber den Kindern sind den meisten Eltern heute wichtig.

Im Alltag jedoch schimmern immer noch Aspekte einer veralteten Sichtweise durch: So haben Erwachsene seit jeher gedacht, ein Kind sei ein »Mangelwesen« und müsse durch eine bestimmte »Behandlung« durch Erwachsene und mithilfe von Erziehungsmethoden erst zum »richtigen« Menschen gemacht werden. Erwachsene müssten es beeinflussen und manipulieren und es so dazu bringen, sich auf eine ganz bestimmte Weise zu verhalten. Erziehung in diesem Sinne bedeutet also Einüben von vorgeschriebenen Verhaltensweisen und Vermittlung festgelegter Fähigkeiten und Fertigkeiten. Dieses aktive Einwirken auf das Kind, bei dem die Ziele und die Interessen der Erwachsenen – auf mehr oder auf weniger rigorose Weise – verfolgt werden, bezeichne ich im Folgenden als HERKÖMMLICHE ERZIEHUNG. Es gibt gute Gründe, diese Idee des Erziehens zu überwinden.

Eltern im Spagat

Entwicklungspsychologie und Hirnforschung sind sich einig: Erziehung, wie sie einmal gesehen wurde, ist mittlerweile überholt. Auch die Evolutionsbiologie liefert hierzu interessante Erkenntnisse. Viele Eltern möchten deshalb heute auch gerne anders handeln, möchten ihre Kinder verstehen, mehr auf die Wünsche und Bedürfnisse ihrer Kinder eingehen und Verständnis zeigen, sei es auch noch so schwer. Und genau hier geraten Eltern dann oft an ihre Grenzen, es kommen schnell Verzweiflung auf und auch die Frage: »WIE kann ich es denn anders machen?« Um diese Frage wird es in den folgenden Kapiteln immer wieder gehen. Doch werfen wir zunächst einen Blick darauf, wie es vielen Eltern heute geht.

Die Angst zu versagen

Eltern, die in meine Praxis kommen, wollen alle das Beste für ihre Kinder und sind auf der Suche nach neuen Wegen. Die Anforderung, allem gerecht zu werden, steigt jedoch stetig und durch äußere oder auch eigene Ansprüche geraten Eltern dann schnell unter Druck, was zu Verunsicherung führt. Und Eltern sind – gerade weil sie ihre Kinder lieben – leicht zu verunsichern.

» Eltern sind angreifbar und VERLETZLICH in ihrer emotionalen Rolle als Mutter oder Vater und sie fühlen sich sofort schuldig, wenn etwas (vermeintlich) nicht gelingt.

» Eltern erleben den WIDERSPRUCH zwischen einerseits dem Wunsch, das Beste für ihre Kinder zu ermöglichen und deren gesellschaftliche Chancen zu steigern, und dem kindlichen Bedürfnis nach familiärer Geborgenheit andererseits.

Deshalb stellt sich die Frage, wie wir unser Kind besser verstehen und gut mit ihm umgehen können, heute dringlicher denn je.

Wir sind also Suchende in einer Phase der Ungewissheit und des Umbruchs. Diese Unsicherheit ist aber grundsätzlich gar nichts Schlechtes. Sie gehört sogar unbedingt zum Elternsein dazu. Solche Empfindungen machen es überhaupt erst möglich, dass wir uns auf unsere Kinder einstellen, dass wir dynamisch und beweglich bleiben. Wenn jedoch Hilflosigkeit und das Gefühl, versagt zu haben, bei uns vorherrschen, bekommen wir Angst, die dazu führt, dass wir vermeintlich hilfreichen Ratschlägen folgen: Wir Erwachsene dürfen uns das Ruder nicht aus der Hand nehmen lassen! Wir müssen immer wissen, wo es langgeht! Schnell fallen wir dann zurück in das alte Muster: Strafe wird wieder ein probates Mittel im Umgang mit Kindern. Es ist also gar nicht so einfach, auf seinem Weg zu bleiben, sich nicht verunsichern zu lassen und nicht zurückzufallen in – nur scheinbar – besser funktionierende Erziehungsmethoden.

Das optimierte Kind? – Nein danke!

Zum einen kann die Verunsicherung von einer diffusen Angst, es »falsch« zu machen, herrühren. Vor allem aber sind Eltern heute durch den enorm gestiegenen gesellschaftlichen Druck verunsichert, dem sie sich ausgesetzt fühlen. Spätestens wenn Kinder in die Kita oder die Schule kommen, steht das Leistungsprinzip im Vordergrund und Eltern wollen da nichts »verpassen«. Kinder werden immer früher mit staatlich organisierter Bildung, mit immer noch mehr Wissen und dessen gezielter Vermittlung konfrontiert. Besonders die frühkindliche Förderung wurde in den letzten Jahren optimiert. Gute Bildung soll schon in jüngsten Jahren möglich sein. Unsere Kinder sollen alle Chancen haben, sich gut, nein: optimal zu entwickeln. Kinderkrippen, Kindertagesstätten und Ganztagsbetreuung werden ausgebaut, gefördert – ein attraktives Angebot, das Familien kaum ausschlagen können. Die Kinder sind als Ressource des Wohlstands von morgen fest im Blick, ihr »Wert« wird allerdings ausschließlich in ihrer Fähigkeit beurteilt, Deutschland im internationalen WETTBEWERB zu stärken.

Was auf den ersten Blick nach einer begrüßenswerten Entwicklung aussehen mag, hat dunkle Schattenseiten. Die Ansprüche, die durch die umfassenden Förder- und Betreuungsangebote an die Eltern herangetragen werden oder diese an sich selbst stellen, sind enorm gestiegen. So fragen wir uns: »Wie kann ich meinem Erziehungsauftrag gerecht werden? Wie finde ich die richtige Betreuung? Welche Bildung soll mein Kind wann und in welcher Dosierung erhalten? Sind wir überhaupt gute Eltern? Was wird aus meinem Kind, wenn es versagt, wenn ich versage als Mutter oder Vater?« Und da ist sie wieder, die Angst, etwas falsch zu machen, sowie die Verunsicherung, die Eltern das Vertrauen in die Fähigkeiten ihres eigenen Kindes nimmt und sie von ihrem eigenen Weg (wieder) abkommen lässt.

RÜCKENSTÄRKUNG
Lassen Sie sich nicht verunsichern!

In meiner Beratungspraxis erlebe ich viele verunsicherte Eltern. Tragisch ist: Wenn sie und ihre Kinder in der leistungsbetonten öffentlichen Erziehung nicht »funktionieren«, werden Kinder in ihrem Verhalten schnell pathologisiert. So fühlen Eltern sich abgewertet und verlieren jedes Gefühl dafür, was gut für sie und ihre Kinder ist. Sie verlieren den Glauben an ihre Kinder und das Vertrauen, dass diese okay sind, so wie sie sind. Und: Sie verlieren das Vertrauen in sich selbst und ihre eigenen Fähigkeiten als Mutter oder Vater. Übrig bleibt das Gefühl, »schlechte Eltern« zu sein.

Lassen Sie dieses Gefühl nicht übermächtig werden. Sie machen es gut! Lassen Sie sich nicht verunsichern und bleiben Sie nicht mit Ihren Zweifeln alleine: Schon ein Gespräch mit anderen, ein Austausch, der auf Verständnis und Vertrauen beruht, der Sie bestärkt in dem, was Sie und alle Eltern wollen – nämlich dass es ihren Kindern gut geht –, gibt Sicherheit. Vertrauen Sie darauf, dass Sie Ihr Kind als gleichwertiges Gegenüber und in wertschätzendem Verhältnis führen können und dürfen! Lassen Sie sich nicht einreden, dass es in erster Linie um das »Funktionieren« Ihres Kindes geht: Spricht es genug Worte für sein Alter? Ist es im Sozialverhalten unauffällig? Ist es freundlich und kann es sich an Regeln halten? ... Ihr Kind nicht? Deshalb ist es noch lange kein Fall für den Kinder- und Jugendpsychiater und Sie sind auch keine schlechten Eltern! Kinder verhalten sich immer entsprechend ihrer Umwelt. Deshalb: Spüren Sie nach, woran es liegen kann, wenn Ihr Kind sich »verweigert«, dann sind Sie auf einem guten Weg!

Bitte keine »Musterkinder«!

Eltern sind heutzutage nicht nur einem enormen Bildungsdruck ausgesetzt, sie werden oft auch mit fatalen Untergangsszenarien konfrontiert, die durch vermeintlich logische, tatsächlich aber haarsträubende Kausalketten hergeleitet werden: Vom Kleinkind, das sich protestierend auf den Boden wirft, weil es nicht einsehen will, das seine Mutter ihm den Mund abwischt, ist es nicht weit bis zu einem jugendlichen Arbeitslosen, der nicht fähig ist, eine Ausbildung zu absolvieren. Und: Hier zeigt sich, wie sehr die Welt, in der wir leben, auf Normierung ausgerichtet ist. Meine Erfahrung ist: Je mehr das Verhalten eines Kindes in der Bastelgruppe der Kita oder im Mathematikunterricht »stört«, desto mehr wird das Kind von der Umwelt als »auffällig« eingeschätzt. Schnell wird so entwicklungsgerechtes Verhalten des Kindes pathologisiert, denn der Korridor für das, was wir heute unter »normal entwickelt« verstehen, wird durch NORMIERUNG immer schmaler und enger und mit eigens dafür geschaffenen Instrumenten sind wir auf der Suche nach »Muster- und Schablonenkindern«.

Im BILDUNGSBEREICH wird mehr über Kinder gesprochen als mit ihnen – sie werden beobachtet, getestet, bewertet, eingeordnet. Es geht um messbare Zielerreichung; Testen und Normieren sind die Instrumente, mit denen Institutionen ihre Arbeit rechtfertigen und deren Qualität messen. Qualität wird hier durch Kennzahlen und Kurven ausgedrückt. Die Zahlenwelt hat sich also der Kindheit bemächtigt. Was dabei auf der Strecke bleibt, ist die Vielfalt: Die individuelle Entwicklung eines jeden Kindes kann so nicht berücksichtigt werden, zu schnell fallen Kinder aus den vorgegebenen Normwerttabellen heraus. Und wir Eltern? Sind verunsichert, beunruhigt und besorgt, wie der folgende Brief einer jungen Mutter an mich zeigt:

*H*allo Frau Saalfrank,
*mein Sohn ist fast zwei Jahre alt und wir waren heute bei der
U7-Untersuchung. Es war schrecklich! Er sollte einen Turm bauen mit
Bausteinen, was er natürlich nicht gemacht hat (obwohl er es kann),
und sollte zeigen, wo seine Nase ist, was er leider auch nicht gemacht hat
(obwohl er es kann, wahrscheinlich war die Situation für ihn komisch!).*

Die Arzthelferin hatte er noch nie gesehen und er guckte sie nur böse an. Ich hätte ehrlich gesagt auch keinen Turm gebaut. Ich würde so gern gelassen bleiben und Lucas in seiner Entwicklung nicht hetzen, aber ich bin einfach total verunsichert. Es gab noch einige andere Bereiche, wo mein Sohn nicht entsprechend der Kurve oder der Tabellen entwickelt war. Ich fühle mich schlecht. Der Arzt hat nichts Positives gesagt. Ich habe irgendwie das Gefühl, als Mutter zu versagen. Alle Kinder können immer mehr als meins. Ja, ich sehe auch, dass mein Sohn langsamer ist als andere Kinder in der Entwicklung, aber ist das denn nun ein Grund, gar nichts Positives zu sagen?

Ihre Lydia S.

Lucas und seine Mutter sind kein Einzelfall – die Erschütterung der jungen Mutter wird sehr spürbar. Immer wieder erhalte ich solche Zuschriften. Meine Aufgabe – in der Beratung und in diesem Buch – sehe ich deshalb darin, Sie in Ihrer Elternrolle zu bestärken und für Ihre eigenen Fähigkeiten als Mutter oder Vater zu sensibilisieren. Wenn Sie an sich und an Ihr Kind glauben, können Sie viel besser auf seine Bedürfnisse eingehen, ihm Vertrauen entgegenbringen und es ebenfalls bestärken. Sie können dann dem Kind auch auf emotionaler Ebene das geben, was es braucht, und eine entsprechende Umgebung für sich und Ihre Familie schaffen. Schauen Sie also zunächst auf das, was Ihr Kind kann, nicht auf seine (vermeintlichen) Defizite.

> » ELTERN DÜRFEN IHR KIND ANNEHMEN,
> SO WIE ES IST, UND ES IN SEINER
> INDIVIDUELLEN ENTWICKLUNG UNTERSTÜTZEN. «

Mit Kanonen auf Spatzen

Kinder sind in unserer Gesellschaft zwar sehr in den Fokus gerückt. Allerdings nicht im positiven ganzheitlichen Sinn – mit ihren individuellen und emotionalen Bedürfnissen, ihren Chancen und ihren Potenzialen. Nein, sie sind in die Mühlen der Ansprüche und Vorstellungen von Erwachsenen geraten. Deshalb werden heute vor allem Defizite und Schwächen des Kindes wahrgenommen. Es wird dann auch schnell mit Kanonen auf Spatzen geschossen; passt ein Kind nicht, landet es nicht selten mit seinen verunsicherten Eltern beim Kinder- und Jugendpsychiater. Wie konnte es passieren, dass wir vielerorts eine Welt für Kinder geschaffen haben, in die sie nicht mehr passen? Anstatt die Umgebung für Kinder angemessen zu gestalten, suchen wir nach immer neuen Möglichkeiten, die Kinder in eine immer schneller werdende, digitalisierte und beziehungsarme Welt zu zwängen – nach dem Motto: Was nicht passt, wird passend gemacht. So werden Kinder zunehmend medikamentös behandelt. Die Zahl der ADHS-Diagnosen ist in den letzten Jahrzehnten explosionsartig angestiegen und es wurde immer mehr Methylphenidat (Wirkstoff, der bei ADHS verabreicht wird) verschrieben. Hinzu kommt, dass sich auch die individuellen Dosierungen stark erhöht haben. Das Ausmaß, in dem heutzutage der MEDIZINISCHE BEREICH bemüht wird, wenn es um sogenannte »schwierige« Kinder geht, legt den Verdacht nahe, dass es Erwachsenen vor allem um die Anpassung und Normierung von Kindern geht.

Der Perfektionsanspruch an Kinder ist insgesamt enorm gestiegen. Eltern lassen sich nicht selten davon anstecken und haben ihrerseits einen hohen Anspruch: Sie wollen »perfekte« Eltern sein. Liebe Eltern, das müssen Sie gar nicht, denn »perfekt« gibt es nicht. Es reicht, wenn Sie Ihren Kindern das geben, was sie brauchen, um gesund aufzuwachsen. Das ist nicht immer einfach. Es ist jedoch viel bereichernder, kleine Persönlichkeiten ins Erwachsenenleben zu begleiten, als Schablonen heranzuziehen. Gerne stehe ich Ihnen dabei zur Seite!

Erziehungsziele heute

Wie also können wir denn kleine Persönlichkeiten gut ins Leben begleiten? Was wollen wir für uns und unsere Kinder erreichen? Meine Erfahrung ist, dass Eltern sich nach einer guten Beziehung zu ihren Kindern sehnen. Ihre Kinder sollen gesund bleiben und stark werden. Verantwortungsbewusstsein, Eigenständigkeit, autonomes Handeln, ein starkes Selbstbewusstsein und Selbstständigkeit – das ist es, was Eltern sich für ihre Kinder wünschen. All diese Ziele sind mit dem herkömmlichen Modell der Erziehung (siehe Seite 14 und Seite 30), das nach dem Prinzip von Macht und Gehorsam das Verhalten des Kindes manipuliert, nicht vereinbar. Wir befinden uns deshalb auf neuen Wegen. Eine Mutter schrieb mir nach einer ersten Beratungsstunde:

Hallo Frau Saalfrank,
unser Gespräch hat viel in mir ausgelöst. Meine Herkunftsfamilie war sehr hierarchisch und autoritär strukturiert. Tradierte Werte wie Ordnung, Sauberkeit, Pünktlichkeit, Fleiß, Gehorsam waren bestimmend für den Familienalltag. Ich möchte meinem Kind heute andere Werte mitgeben. Das ist aber nicht so leicht. Oft stecke ich fest: Gerade, wenn ich stark angespannt, traurig oder wütend bin, merke ich, wie unbewusste Mechanismen greifen. Dann werde ich oft unfair. Neue Ziele und Werte für mich zu definieren, hilft mir. Zum Beispiel möchte ich, dass meine Kinder einerseits zu mir Vertrauen entwickeln und keine Angst haben müssen. Andererseits möchte ich auch, dass meine Kinder sich in einer Gemeinschaft zurechtfinden, Grenzen respektieren und Verantwortung übernehmen können. Dieser Spagat fällt mir schwer. Vielleicht können wir gemeinsam weitere Ziele definieren?

Ihre Anja K.

So wie dieser Mutter hier geht es vielen Eltern. Sie machen sich darüber Gedanken, was sie an ihre Kinder weitergeben wollen. Wenn ich Eltern frage, welches Ziel sie in ihrer Erziehung verfolgen, sagen viele: »Ich möchte vor allem, dass mein Kind später mal glücklich ist und sein Leben gut meistern kann!« Aber was heißt »glücklich sein« überhaupt? Und was für Eigenschaften und Beziehungserfahrungen brauchen Menschen, um ihr Leben später gut meistern zu können? Es lohnt sich, darüber nachzudenken und für sich Ziele zu formulieren. Im Alltag mit unseren Kindern haben wir dann die Möglichkeit, unser Handeln darauf abzustimmen und zu überlegen, ob das, was wir gerade tun, auch sinnvoll ist und zum gesteckten Ziel führen kann.

Folgende Erziehungsziele habe ich aus meiner pädagogischen Praxis und langjährigen Erfahrung heraus hier zusammengestellt. Eltern wünschen sich, dass ihr Kind …

» ... eine eigenständige Persönlichkeit wird,

» ... ein starkes Selbstbewusstsein und Selbstwertgefühl aufbaut,

» ... unabhängig wird und selbstständig Entscheidungen treffen kann,

» ... anderen mit Empathie und Einfühlungsvermögen begegnet,

» ... später sein Leben und sein Umfeld selbst gestalten wird,

» ... Verantwortungsbewusstsein für sich und andere entwickelt,

» ... psychisch und physisch gesund heranwächst.

» WIR SOLLTEN UNS ÜBER UNSERE GRUNDSÄTZLICHEN ZIELE KLAR WERDEN, DAMIT WIR IM ALLTAG DEN WEG DORTHIN NICHT VERLIEREN UND IHN BEWUSSTER VERFOLGEN KÖNNEN. «

Welche Ziele haben Sie im Umgang mit Ihren Kindern? Es ist sinnvoll, dass wir unsere Ziele genauer definieren, denn oft haben wir sie nur vage vor Augen und wählen dann im Alltag Wege, die nicht zielführend sind, ja, die uns manchmal von den Zielen eher sogar entfernen. Wie soll ein Kind zum Beispiel lernen, die Grenzen eines anderen zu respektieren (»Ich möchte nicht, dass du andere Kinder haust«), wenn seine eigenen Grenzen durch die Bezugspersonen übertreten werden (das Kind darf zur Strafe nicht mehr mitspielen)?

Mein Ziel ist es, dass Kinder liebevoll und wertschätzend in ihrer Entwicklung und ihrem individuellen Wachstum so begleitet werden, dass sie psychisch und physisch maximal gesund aufwachsen, sie Glück empfinden können, eigenständig und unabhängig werden, ein gutes Selbstwertgefühl wachsen kann, dass sie Verantwortung übernehmen können, sie offene, freundliche und empathische Menschen bleiben und werden, die selbstbewusst und autonom ihre Umwelt und ihr Leben nach ihren Wünschen gestalten und andere Menschen in deren Meinungen und Werten respektieren und achten können. In diesem Sinne soll mein Buch Sie und Ihre Kinder begleiten. Und in diesem Sinne möchte ich noch einmal auf den Anfang dieses Kapitels zurückgreifen: Wenn wir wollen, dass Kinder so gesund wie nur möglich aufwachsen und sich gut entwickeln, ist es notwendig, den Umgang, den wir mit Kindern pflegen, in den Blick zu nehmen und vor allem die Qualität der BEZIEHUNG zu unseren Kindern in den Mittelpunkt zu stellen. Denn von der Qualität der Eltern-Kind-Beziehung hängt es ab, welche Beziehungserfahrungen Kinder machen und welche Beziehung sie zu sich selbst und zu anderen Menschen später haben können. So schaffen wir – jenseits vom gesellschaftlichen Erfolgsdruck – eine Welt, in der unsere Kinder sich gesund und individuell entwickeln können: eine kindgerechte Welt.

» WAS UNSERE KINDER BRAUCHEN,
IST EINE KINDGERECHTE WELT, EINE UMGEBUNG,
IN DER SIE WACHSEN UND IHRE PERSÖNLICHEN
POTENZIALE ENTFALTEN KÖNNEN. «

Beide Seiten sind gleichwertig

Zu einer Beziehung gehören immer zwei. Wenn wir also in Zukunft mehr die Qualität der Beziehung zu unseren Kindern in den Mittelpunkt stellen wollen, dann heißt das, den Fokus nicht – wie bei der herkömmlichen Erziehung – ausschließlich auf das, was Kinder tun, zu richten, um ein erwünschtes Verhalten zu erreichen. Eine tragfähige Beziehung lebt von der Einstellung, dass beide Seiten vertrauensvoll miteinander umgehen und die Beteiligten voneinander profitieren können und wollen.

Es reicht also nicht aus, Kindern ein Mitspracherecht einzuräumen, es geht vielmehr um einen Austausch zwischen gleichwertigen Partnern. Es ist für uns Erwachsene ein Gewinn, wenn wir unsere Kinder ernst nehmen und das, was Kinder in die Beziehung einbringen, als Bereicherung für uns ansehen können. Denn wenn wir uns zugestehen, dass wir von unseren Kindern etwas lernen können, zum Beispiel Offenheit, Unvoreingenommenheit und Sensibilität – also vieles von dem, was uns einst aberzogen wurde –, lohnt sich der Weg von der ERziehung zur BEziehung gleich doppelt für uns.

NAVIGATIONSHILFEN FÜR DEN ALLTAG

Eltern haben es heute wirklich nicht leicht: Frauen, die ihre Berufstätigkeit zurückstellen und ihr Kind zu Hause betreuen, gelten anderen als konservativ, rückständig, unzeitgemäß. Mütter, die ihr Kind schon früh in die Kita geben, sehen sich schnell dem Vorwurf ausgesetzt, es zu vernachlässigen. Paare, die sich – angeblich – zu viel oder zu wenig um ihre Kinder sorgen, werden oft abschätzig als »Helikopter-« oder »Rabeneltern« eingestuft, die ihre Kinder zu »Tyrannen« heranziehen. Diese Bezeichnungen für Eltern und Kinder sind allesamt destruktiv und helfen im Familienalltag nicht weiter.

Ich möchte Sie dazu ermutigen, den neuen Weg der Eltern-Kind-Beziehung zu gehen – unabhängig davon, welche Lebensform Sie gewählt haben. Nehmen Sie den gesellschaftlichen Druck nicht an und befreien Sie sich von der Vorstellung, perfekt sein zu müssen oder zu wollen. Dann ist schon viel gewonnen, denn Sie schaffen so nicht nur den Raum und die Möglichkeiten für eine kindgerechte, sondern auch für eine ELTERNGERECHTE WELT, in der Sie an der Seite Ihres Kind stehen dürfen und neue Wege im Umgang mit ihm gehen können. Lassen Sie sich als Eltern von niemandem schlechtmachen. Seien Sie gut mit sich selbst. Das verschafft Ihnen eine gute, sichere Position im neuen Umgang mit Ihren Kindern.

Ein neuer Weg – was steckt dahinter?

Wie können wir nun aber einen neuen Weg finden? Wie können wir es anders machen, als wir es selbst erlebt haben? Um diese Fragen zu beantworten, ist es wichtig herauszufinden, was genau wir NICHT MEHR wollen, was genau uns am meisten stört im Alltag mit unseren Kindern. Wenn ich Eltern in der Beratung danach frage, dann wird meist schnell klar: Konkret geht es darum, Machtkämpfe zu vermeiden und sich dennoch klar zu positionieren.

Das bedeutet einerseits, den klassischen Erziehungsgedanken mit den Aspekten der

» Belehrung – »Du sollst doch nicht …!«,
» Bevormundung – »Mach das jetzt so!«,
» Maßregelung – »Lass das jetzt!«,
» Besserwisserei – »Ich hab dir doch schon so oft gesagt …!« und
» Bewertung – »Du bist zu faul, so wird das nie was!«

beiseitezustellen, andererseits jedoch nicht in eine verantwortungslose Laissez-faire-Haltung zu verfallen oder dem Kind »stets zu Diensten« zu sein. Ziel soll sein, eine wertschätzende, klare und gleichzeitig einfühlsame Führungsrolle einzunehmen. Damit das gelingt, habe ich für Sie sieben Werte zusammengestellt, die Ihnen helfen, Ihren Weg zu einer authentischen, konstruktiven Eltern-Kind-Beziehung zu gehen.

RÜCKENSTÄRKUNG
Achten Sie auf sich selbst!

Wenn es um das Wohl Ihres Kindes und um Ihr eigenes als Mutter oder Vater geht, dürfen Sie ruhig »egoistisch« sein! Egoistisch nicht in dem Sinne, die eigenen Interessen rücksichtslos durchzusetzen. Egoismus, wie ich ihn hier meine, bedeutet vor allem »Selbstliebe«. Das heißt, auf sich zu achten, sich selbst wichtig zu nehmen und – das Wichtigste – sich selbst anzunehmen so, wie man ist. Nur wenn wir uns auch selbst achten und wertschätzen, uns selbst akzeptieren mit all unseren Stärken und (vermeintlichen) Schwächen – wenn wir uns also selbst lieben, können wir unsere Bedürfnisse und Grenzen wahrnehmen und gut für uns selbst sorgen. Und das wiederum ist die Voraussetzung dafür, dass wir auch für unsere Kinder gut sorgen können, dass auch bei ihnen eine gesunde Selbstliebe wächst. Die Selbstliebe Ihres Kindes entsteht im Kontakt mit Ihnen als engster Bezugsperson. Wenn es erfährt: Meine Mutter sorgt gut für sich, mein Vater achtet auf sich, dann lernt Ihr Kind: Auch ich darf mir wichtig sein.

Der Sieben-Werte-Kompass

Diese sieben Werte sind als Kompass für den Umgang mit Ihrem Kind zu verstehen. Mit seiner Hilfe können Sie alte Mechanismen hinter sich lassen und neue Prinzipien für Ihre Familie entwickeln. Es erwarten Sie in diesem Buch also keine Verhaltensmaßregeln oder einfache Handlungsanweisungen. Ich möchte Ihnen vielmehr grundsätzliche Werte anbieten, die sich aus meiner pädagogischen Erfahrung heraus im Familienalltag als Navigationshilfe bestens bewährt haben. Sie lassen individuellen Spielraum und erlauben Ihnen, sich als Eltern auszuprobieren und weiterzuentwickeln. Sie selbst werden sensibler für das, was Ihnen wirklich wichtig ist, und Sie gewinnen mehr Vertrauen in Ihre elterliche Intuition. Von einer guten Eltern-Kind-Beziehung profitiert die gesamte Familie und Ihr Alltag erfährt zunehmend Entlastung.

» EIN KIND BRAUCHT ELTERN, DIE FEINFÜHLIG AUF SEINE BEDÜRFNISSE REAGIEREN KÖNNEN UND DIE SICH SELBST IN IHRER ELTERNROLLE VERTRAUEN. «

Die sieben Werte auf einen Blick

Ich möchte die sieben Werte hier kurz für Sie zusammenfassen, bevor sie dann in den nachfolgenden sieben Kapiteln genauer beleuchtet werden – mit Hintergrundinformationen aus der Entwicklungspsychologie, der Evolutionsbiologie, der Hirnforschung und Erkenntnissen aus der Bindungs- und Säuglingsforschung sowie anhand zahlreicher authentischer Praxisbeispiele. Ich wünsche Ihnen viel Freude beim Lesen und bei der Umsetzung dieser Werte in Ihren Familienalltag!

Im ersten Kapitel beschäftigen wir uns damit, wie eine gelingende, konstruktive BEZIEHUNG zwischen Eltern und Kindern zustande kommt und in den Mittelpunkt des Miteinanders rückt. Wie wichtig es ist, die emotionale Entwicklung von Kindern feinfühlig zu berücksichtigen und mit ACHTSAMKEIT zu begleiten, ist Thema des zweiten Kapitels. Daran anschließend widmen wir uns der Frage: Wo trage ich (elterliche) VERANTWORTUNG und wo kann mein Kind auch Eigenverantwortung übernehmen? Grenzen zu wahren und zu achten, darin zeigt sich die WERTSCHÄTZUNG innerhalb der Familie; sie ist die vierte Navigationshilfe. Für eine gelingende Eltern-Kind-Beziehung ist auch VERTRAUEN wichtig – Selbstvertrauen als Mutter oder Vater ebenso wie Vertrauen in die Fähigkeiten des Kindes; darum geht es in Kapitel fünf. Danach beschäftigen wir uns mit der Kommunikation zwischen Eltern und Kindern und fragen, was einen verantwortungs- und vertrauensvollen, einen achtsamen und wertschätzenden DIALOG ausmacht. Und zu guter Letzt, im siebten Kapitel, schauen wir, wie sich ein gleichwertiges MITEINANDER von Eltern und Kindern gestalten lässt. Am Ende der Kapitel fasse ich den jeweiligen Inhalt in »Aha-Effekten« zusammen. So können Sie sich das Wesentliche eines beziehungsorientierten Umgangs immer wieder schnell ins Gedächtnis rufen.

AHA-EFFEKTE

- Die Gesellschaft macht es Eltern nicht leicht, deshalb entsteht Druck von außen, der die Familienbeziehungen belastet.
- Eltern sind schnell zu verunsichern, weil sie ihre Kinder lieben, deshalb besonders verletzlich sind und alles gut und »richtig« machen wollen.
- Es gibt keine allgemeingültigen, sondern nur individuelle Lösungen.
- Kinder brauchen Eltern, die eine klare Haltung einnehmen und ihre Grenzen wertschätzend deutlich machen. Nur so können Kinder auch ihre eigenen Grenzen kennenlernen und sich selbst als wertvoll erleben.
- Eltern dürfen auf ihr eigenes Kind ganz individuell eingehen und es in seinen Bedürfnissen ernst nehmen.
- Der neue Weg zu einer konstruktiven Beziehung lohnt sich für Eltern und Kinder gleichermaßen.

1

BEZIEHUNG

— statt —

ERZIEHUNG

In der neuen Eltern-Kind-Beziehung gehen wir Eltern verständnisvoll auf die Anliegen der Kinder ein und zeigen uns als Persönlichkeiten mit eigenen Bedürfnissen und Gefühlen. Dabei bewegt sich die Beziehung dynamisch im Spannungsfeld zwischen tiefer Verbundenheit und dem Streben nach Unabhängigkeit. Diese beiden Grundbedürfnisse sind von Geburt an in uns Menschen angelegt.

WIE ES HÄUFIG IST:
WIR SETZEN AUF MACHT

Es gibt viele verschiedene Erziehungsstile. Zwischen dem autoritären auf der einen Seite und dem antiautoritären Stil auf der anderen herrscht eine große Bandbreite. Heute weit verbreitet sind der autoritative und der demokratische Erziehungsstil.

» Die **AUTORITATIVE ERZIEHUNG** ist im Vergleich zur autoritären Erziehung von mehr emotionaler Wärme und Kommunikationsbereitschaft dem Kind gegenüber gekennzeichnet. Gleichzeitig wird das Kind aber von elterlicher Seite auf ein bestimmtes Ziel hin gelenkt, wobei verschiedene Erziehungsmittel (etwa Belohnung und Strafe) zum Einsatz kommen können.

» Die **DEMOKRATISCHE ERZIEHUNG** ist ebenfalls durch emotionale Wärme sowie durch Wertschätzung und Verständnis charakterisiert. Kommunikation spielt dabei eine zentrale Rolle: Die Kinder haben ein hohes Maß an Mitspracherecht; Regeln, Verhaltensweisen und Konsequenzen werden ausdiskutiert.

Wie herkömmliche Erziehung funktioniert

Auch wenn in neueren Erziehungsansätzen Wert darauf gelegt wird, auf die Bedürfnisse und Eigenarten des Kindes einzugehen, bedienen wir uns doch nach wie vor der herkömmlichen Erziehung mit ihren spezifischen Mechanismen und Wirkungsweisen:

» **MACHT:** Die machtvolle Position der Eltern wird für die Durchsetzung eigener Interessen genutzt.

» **GEWALT:** Wenn nicht anders möglich, werden auch gewaltsame Maßnahmen zur Durchsetzung elterlicher Ziele angewandt.

» **ANPASSUNG:** Ziel ist die Anpassung des Kindes an die Vorstellungen und Erwartungen der Erwachsenen.

» **GEHORSAM:** Der Gehorsam des Kindes ist die grundlegende Bedingung und das Ziel der Erziehung.

Doch erreichen wir mit dieser Form von Erziehung, was wir Eltern uns wünschen (siehe Seite 20), etwa dass Kinder zu eigenständigen und verantwortungsvollen Persönlichkeiten heranwachsen? Ich bezweifle das. Denn diese Mechanismen führen dazu, dass Kinder vor allem lernen, sich anzupassen, und eher unselbstständig bleiben.

> **» WENN WIR WOLLEN, DASS KINDER LERNEN, FÜR IHR LEBEN PERSÖNLICHE VERANTWORTUNG ZU ÜBERNEHMEN, IST DIE ERZIEHUNG ZUM GEHORSAM NICHT ZIELFÜHREND. «**

»Na ja«, denken Sie jetzt vielleicht, »ich erziehe doch gar nicht im herkömmlichen Sinn, ich nutze doch meine elterliche Macht gar nicht aus.« Doch im Alltag passiert es uns immer wieder, dass wir in alte Muster – oft ungewollt und auch unbewusst – zurückfallen.

*M*oritz (acht Jahre) ist in seinem Zimmer und soll seine Hausaufgaben machen. Zunächst beginnt er motiviert, schreibt etwas in seinen Ordner und beginnt auch, Bücher aus seiner Tasche auf den Schreibtisch zu räumen. Zunehmend lässt er sich jedoch ablenken. Vor allem seine Lektüre ist gerade so spannend. Er steht auf, geht durch sein Zimmer, lässt sich auf sein Bett plumpsen und klappt sein Buch an der Stelle auf, wo er nach dem Mittagessen stehengeblieben war. Er beginnt zu lesen und vertieft sich so sehr, dass er seine Mutter erst gar nicht bemerkt, die in sein Zimmer gekommen ist.

»Moritz, warum machst du denn deine Aufgaben nicht? Du liegst hier rum und machst nix und liest nur! Wir haben doch gesagt, dass du erst alle Hausaufgaben erledigen sollst, das hatten wir so besprochen, das war abgemacht!«, ruft die Mutter empört. Moritz springt erschrocken auf und versucht stotternd, sich zu erklären: »Ich hab doch schon, aber dann ... Das Buch ist gerade so spannend und ich wollte nur kurz das Kapitel zu Ende lesen, Mama.« – »Jedes Mal das Theater mit den

Hausaufgaben!«, ruft Moritz' Mutter ärgerlich. »Es reicht jetzt wirklich, wenn in 20 Minuten deine Hausaufgaben nicht erledigt sind, dann ist deine Computerzeit für heute gestrichen!« Moritz schaut entsetzt. »Nein, Mama, das ist unfair! Ich hab so viele Aufgaben auf!« – »Ja, aber du hattest genügend Zeit, Moritz! Jetzt musst du dich dann eben beeilen! So ist das nun mal, wenn man bummelt. Merk dir das für die Zukunft!« Moritz lässt die Schultern hängen und setzt sich traurig auf die Bettkante. Seine Mutter verlässt wütend das Zimmer.

Es geht jetzt nicht darum festzustellen, ob Moritz' Mutter hier »richtig« oder »falsch« gehandelt hat oder ob sie eine »gute« oder »schlechte« Mutter ist. Es geht mir vielmehr darum aufzuzeigen, dass sie Methoden und Mechanismen folgt, die den sieben Werten (siehe Seite 26) entgegenstehen: ERZIEHUNG (Moritz' Bedürfnis spielt keine Rolle, es zählt nur das Interesse der Mutter, was die Beziehung belastet), BEVORMUNDUNG (»Es reicht jetzt!«) und BELEHRUNG (»So ist das nun mal!«, »Jetzt musst du dich dann eben beeilen!«), ABWERTUNG (Wortwahl der Mutter: »Theater«, »rumliegen« »nix machen«, »bummeln«) und Grenzüberschreitung (Mutter kommt einfach ins Zimmer), KONTROLLE (Mutter macht Vorgaben: Erledigung der Aufgaben in 20 Minuten), MONOLOG (Mutter redet viel und alleine, Moritz wird kaum gehört; was er sagt, zählt nicht), GEGENEINANDER (Mutter setzt sich machtvoll durch, greift Moritz verbal an).

Nähe und Wärme kommen zu kurz

Moritz' Mutter will – wie alle Eltern – das Beste für ihr Kind. Jedoch ist der Preis, den sie zahlt, hoch, wenn sie im herkömmlichen Erziehungsmodell verharrt, denn: Die Atmosphäre in der BEZIEHUNG zueinander wirkt hier nicht warm und nah. Wenn man sich einmal vorstellt, eine ähnliche Situation wie die zwischen Moritz und seiner Mutter würde sich unter Erwachsenen abspielen, dann wird sofort deutlich, dass daran etwas nicht stimmt.

Frau: »Was? Du hast die Abrechnung immer noch nicht gemacht?«
Mann: »Ich hatte noch andere wichtige Dinge zu tun und bin noch nicht dazu gekommen.«

Frau: »Also, jetzt reicht es wirklich! Du liegst hier rum und liest! Und du hast dich nicht an unsere Absprache gehalten. Das geht so nicht! Wenn du die Abrechnung nicht in 20 Minuten fertig hast, ist deine Computerzeit für heute gestrichen und deinen Kegelabend mit deinen Freunden kannst du auch vergessen.«

Würden wir mit dem Partner so umgehen? Wohl kaum! Warum aber dann mit Kindern? Warum verletzen wir auf diese Weise ihre persönlichen Grenzen, obwohl wir das ja eigentlich gar nicht wollen? Auf den folgenden Seiten werden wir Antworten auf diese Fragen suchen. Denn bevor wir die Beziehung zu unseren Kindern neu gestalten, sollten wir herausfinden, warum wir oft noch im herkömmlichen Sinn »erziehen«.

Struwwelpeter und Schwarze Pädagogik

Das immer noch berühmteste Buch über die angebliche Notwendigkeit von kindlichem Gehorsam ist Heinrich Hoffmanns 1845 erstmals erschienener »Struwwelpeter«. In dem Buch veranschaulicht der Autor in Bildern und Versen die Grundsätze der »Schwarzen Pädagogik«, die auf dem Gehorsamsprinzip aufbaut und auf der – auch heute noch nicht ganz überwundenen – Vorstellung vom »bösen« Kind, das »schlecht« auf die Welt kommt und sich nur dann zum guten entwickelt, wenn wir Zwang ausüben und es zum Gehorsam erziehen.

Geprägt wurde der Begriff »Schwarze Pädagogik« von der Soziologin und Pädagogin Katharina Rutschky. Er ist ein Sammelbegriff für Erziehungsmethoden, die auf Gewalt, Einschüchterung und Strafe beruhen. Auch die Psychologin Alice Miller hat sich wie Rutschky kritisch mit der Schwarzen Pädagogik und deren Folgen auseinandergesetzt (siehe Seite 188).

Eine Vertreterin der Schwarzen Pädagogik, die weit bis ins 20. Jahrhundert hinein Einfluss hatte, war die nationalsozialistische Ärztin Johanna Haarer (siehe Seite 56).

Warum wollen wir unbedingt erziehen?

Wir lieben unsere Kinder und wollen das Beste für sie (siehe Seite 15). Doch warum schaffen wir es oft nicht, unsere Liebe auch in liebevolles Handeln zu übersetzen?

Eine Erklärung dafür, dass wir unseren Kindern – mal mehr, mal weniger stark – mit Macht begegnen, ist: Sie aktivieren mit ihrem Verhalten unsere eigenen aggressiven Gefühlsanteile. Wir werden wütend, weil sie nicht das tun, was wir für richtig halten, beziehungsweise weil unser Anliegen (»Mach bitte deine Hausaufgaben«) nicht gehört wird. Die Wut lässt sich nicht unterdrücken und entlädt sich ungefiltert in Strafmaßnahmen wie »Jetzt hast du nur noch 20 Minuten Zeit für deine Hausaufgaben«. Wir glauben, dass wir uns durch eine solche Erziehungsmaßnahme besser Gehör verschaffen können. Wir unterstreichen quasi unsere Wut mit einer Maßnahme. Ganz nach dem Motto: »So, das hast du nun davon!« Oder: »Wer nicht hören will, muss fühlen!« Als wollten wir uns rächen: »Wie du mir, so ich dir.«

Ein weiterer Grund für unseren Reflex zum aktiven Erziehen scheint zu sein: Wir haben Angst, unsere Macht und damit die Kontrolle über das Kind zu verlieren. Wir sind besorgt, dass »alles aus dem Ruder läuft«, dass die Kinder uns »auf der Nase herumtanzen«, wenn wir nicht »durchgreifen« – alles Relikte aus der Schwarzen Pädagogik (siehe Seite 33). Und um unsere Macht als Eltern zu erhalten, verlangen wir Gehorsam von unseren Kindern und wenden Methoden an, die wir selbst erfahren, manchmal sogar durchlitten haben.

Zwischen den Zeilen

Moritz' Mutter erscheint in dem Beispiel wenig liebevoll und zeigt wenig Verständnis für ihr Kind. Sie liebt ihren Sohn jedoch, auch wenn sie sich nicht liebevoll verhält. Sie fühlt sich absolut verantwortlich in ihrer Rolle als Mutter und sie möchte diese Rolle besonders gut ausfüllen. So glaubt sie, dass sie ihren Sohn nicht anders als mit Drohung und Strafe (»Wenn du nicht …, dann …«) zum Hausaufgabenmachen bringen kann. Vielleicht wird sie auch ihr Ziel erreichen, nämlich: dass Moritz demnächst seine Aufgaben immer sofort macht. Zu einem hohen Preis jedoch, denn die Beziehung zwischen Mutter und Sohn wird so ganz unnötig belastet und beide bleiben unglücklich zurück. Die Botschaft, die zwischen den Zeilen bei Moritz ankommt, ist: »Wenn ich etwas sage, musst du gehorchen.« Moritz lernt daraus, dass seine Mutter stärker und machtvoller ist als er. Sie ist diejenige, die bestimmt und Entscheidungen fällt, die ihn betreffen. Und er lernt darüber hinaus, dass seine eigene Persönlichkeit nicht den gleichen Wert hat wie die seiner Mutter, wodurch er in seiner Handlungsfreiheit und seinem Recht auf Selbstbestimmung stark eingeschränkt wird. Langfristig kann das dazu führen, dass sich Kinder dann eben nicht – wie eigentlich gewünscht – zu selbstständigen, verantwortungsvollen, sondern zu unselbstständigen und angepassten Persönlichkeiten entwickeln.

> **» WENN-DANN-SÄTZE GEHÖREN ZU EINEM VON MACHT GEPRÄGTEN ERZIEHUNGSALLTAG. SIE SETZEN KINDER UNTER DRUCK UND BELASTEN UNSERE BEZIEHUNG ZU IHNEN UNNÖTIG. «**

»Unsere Kinder können doch nicht machen, was sie wollen, sie brauchen doch Führung!«, würde Moritz' Mutter nun sagen und vielleicht ist das auch gerade Ihr Gedanke. Ja, genau darum geht es. Kinder brauchen Führung. Die Frage ist, auf welche Art und Weise Eltern führen und welche Erfahrungen Kinder machen dürfen. Ich werde später noch einmal auf die Situation mit Moritz und seiner Mutter zurückkommen (siehe Seite 50) und zeigen, dass wir – ohne unsere Macht als Eltern zu missbrauchen und ohne die Grenzen der Kinder zu überschreiten – eine wertschätzende und klare Führungsrolle und einen liebevollen Umgang mit unseren Kindern finden können.

Wir wissen heute so viel mehr darüber, was Kinder brauchen, um sich gut zu entwickeln, und es ist unsere Aufgabe als Eltern, die Beziehung zu unseren Kindern entsprechend zu gestalten. Es geht dabei um eine gute, tragfähige Beziehung, die geprägt ist von den sieben Werten (siehe Seite 26) und die unseren Kindern Schutz und Sicherheit genauso bietet wie Freiheit und Selbstständigkeit.

WELCHE FÜHRUNG BRAUCHEN KINDER?

Wichtig für eine gute Eltern-Kind-Beziehung ist unter anderem, dass die Erwachsenen für die Kinder präsent sind, dass sie eine Haltung einnehmen und authentisch sind (siehe Seite 13). Ist das nicht der Fall, übernehmen Kinder nämlich die Führung selbst. Das wird am folgenden Beispiel sehr deutlich:

D ie etwa sechsjährige Josephine ist mit ihren Eltern in der Schwimmhalle aufgetaucht. Die Mutter hält die Hand des Mädchens, das jedoch unzufrieden wirkt und trotzig die Hand der Mutter mit einer großen Geste von sich schleudert. Josephine verzieht das Gesicht, schaut missmutig ihre Mutter an und verschränkt die Arme vor der Brust. Dann macht sie ein, zwei Sprünge zum Vater und sucht dessen Hand. Der Vater greift liebevoll zu und versucht, das Kind aufzumuntern. Er zeigt auf die Liegestühle und erklärt, dass sie zunächst die Handtücher und alle anderen Sachen dort ablegen müssen, bevor sie ins Wasser steigen können. Das Mädchen wirkt immer noch unwillig, verschränkt wieder die Arme vor der Brust, streckt dann beide Hände aus und möchte offensichtlich, dass ihre Eltern sie in die Mitte nehmen. Die greifen beide freundlich lächelnd zu.

So bewegt sich die Dreiergruppe nun langsam auf die Liegestühle zu und diskutiert, welche drei Sitzgelegenheiten es sein sollen. Der Vater entscheidet sich für einen Platz, legt sein Handtuch ab und setzt sich, seine Frau folgt ihm. Josephine steht – weiterhin unzufrieden und missmutig – vor den beiden. »Nein, nein, da!«, sagt sie und deutet auf Liegen, die zwei Meter weiter entfernt stehen.

»Aber Finchen, jetzt sitzen wir doch hier«, versucht es der Vater vorsichtig. »Ich will aber da«, jault Finchen. »Na gut«, seufzt die Mutter

lächelnd, steht auf, streicht ihrer Tochter im Vorbeigehen über den Kopf und setzt sich auf einen der von Finchen bevorzugten Liegestühle. »Meinst du diese hier?«, fragt sie sanft. Auch der Vater hat den Platz gewechselt. »Ja, eigentlich schon«, setzt das Mädchen an, »aber die da hinten sind noch besser.« Sie zeigt auf die Liegestühle am anderen Ende des Schwimmbeckens.

»Ach, die meinst du. Komm, jetzt lass uns hier bleiben. Hier können wir auch gut alle Becken sehen«, versucht der Vater seine Tochter zu über-zeugen, denn er hat mittlerweile ein Buch, die Zeitung und Handtücher aus dem Rucksack geräumt. Das Mädchen jedoch ist damit gar nicht einverstanden. Sie hüpft ungeduldig auf und ab. »Neiiiin, die da hinten«, hallt es schrill durch die Halle.

Jetzt versucht es die Mutter: »Aber Finchen, schau mal, wir sind doch schon auf diese Stühle hierher gewechselt, jetzt lass uns doch hier blei-ben. Sollen wir erst mal was zu trinken kaufen?« »Nein!«, schreit Fin-chen und stürmt heulend auf die neu auserwählten Liegestühle am Ende des Schwimmbeckens zu. Sie lässt sich dort nieder und dreht sich mit verschränkten Armen zu ihren Eltern um. Diese machen sich tatsächlich wieder auf den Weg. Der Vater klemmt sich die bereits ausgepackten Utensilien unter den Arm und so setzen sich die schwer bepackten Eltern wieder in Bewegung und gehen ans andere Ende der Schwimm-halle, wo Finchen zusammengekauert auf einem der Liegestühle wartet. Als die Eltern fast bei ihr angekommen sind, setzt sie sich auf und fragt unvermittelt: »Kann ich Pommes haben?«

»Erst mal auspacken, oder? Und wollen wir nicht erst mal schwim-men?«, fragt der Vater. »Lass sie doch«, sagt die Mutter – und zu ihrer Tochter gewandt: »Willst du nicht lieber eine Pizza haben?« Es ent-wickelt sich wieder ein Hin und Her, bis schließlich Mutter und Tochter gemeinsam zum Kiosk gehen und mit einem Burger, einer Pizza und etlichen Getränken wieder zurückkommen. Kurz bevor sie die Liege-stühle erreicht haben, werden sie allerdings vom Bademeister angespro-chen, der ihnen mitteilt, dass am Becken keine Speisen verzehrt werden

dürfen. Finchen bricht wieder in lautes Gebrüll aus. Der Vater eilt herbei, es wird ein neuer Platz gesucht, schließlich auch irgendwann gefunden. Sachen werden wieder umgeräumt, Handtücher ausgelegt.

Endlich scheint es Zeit fürs Essen. Das Mädchen beißt einmal in den Burger, verzieht das Gesicht und sagt angewidert: »Bäh, der schmeckt nicht!« »Waaas?«, rufen die Eltern entsetzt. Beide probieren und loben den vortrefflichen Burger in den höchsten Tönen. »Probier doch noch mal, Finchen«, sagt die Mutter aufmunternd. »Oder möchtest du lieber die Pizza fertig essen?«, fragt der Vater freundlich, aber erschöpft.

Doch Finchen hat genug. Sie erklärt plötzlich: »Hab keine Lust mehr, ich will nach Hause!« Das restliche Essen bleibt übrig, die Getränke bleiben unberührt auf dem Tablett zurück, die Taschen werden gepackt und die Eltern folgen ihrer Tochter hastig in Richtung Dusche.

Die Eltern von Josephine sind nicht autoritär, sie sind für ihre Tochter aber auch nicht sichtbar (und vielleicht haben Sie sich ja hier auf Ihrem Weg zu einer neuen Elternschaft wiedererkannt). Was genau liegt hinter diesem Beziehungsgeflecht? Eltern wie die von Josephine haben mehrere Vorstellungen von sich und ihrem Kind, die dazu führen, dass sich solche Entwicklungen ergeben können:
» Das Kind ist unser gemeinsames »Projekt«.
» Das »Projekt« erhält unsere ungeteilte Aufmerksamkeit.
» Konflikten und Frustrationen gehen wir unbedingt aus dem Weg.
» Wir wollen allzeit positive Vorbilder sein und immer ruhig und unaufgeregt reagieren.

Grenzenlose »Service-Eltern«

Wer glaubt, auf diese Weise würden Kinder umsorgt und umhegt und es fehle ihnen an nichts, der verkennt deren seelische Situation, denn tatsächlich fehlt es ihnen an elterlicher Fürsorge und emotionaler Sicherheit in der Beziehung. Solche Eltern stehen kaum in einem echten Kontakt, in einer authentischen Beziehung zu ihren Kindern. Sie zeigen sich nicht als Persönlichkeiten mit eigenen Bedürfnissen und entwickeln sich in dem Glauben, fürsorglich und liebevoll zu handeln, zu einem regelrechten »Servicepersonal« für ihre Kinder. Servicepersonal, das wie in einem Hotel zwar allzeit freundlich und zuvorkommend auftritt, jedoch vorwiegend eine professionell-sachliche, servicebezogene Beziehung zum Gast eingeht. Ziel ist es, dass der Gast sich vor allem wohlfühlt. Und das ist auch das vorrangige Ziel der »Service-Eltern«. Deshalb vermeiden sie ein Nein, weichen jeder Auseinandersetzung aus und alle Wünsche des Kindes werden umgehend erfüllt – in der Hoffnung, ihm Frustrationen zu ersparen.

Position beziehen statt Grenzen setzen

In den ersten Lebensjahren wirkt das oft noch umsorgend, mütterlich/väterlich und einfühlend. Später jedoch wird sichtbar, dass ein solcher Umgang stark auf Kosten der Entwicklung der Kinder geht. In ihrem Verhalten zeigen sie dann oft sozial unverträgliche Züge, sie stellen ihre momentanen Bedürfnisse und unmittelbaren Wünsche in den Mittelpunkt und verlangen deren sofortige Befriedigung. Dies aber nicht, weil sie von Haus aus Tyrannen oder Egomanen wären, sondern weil sie Grenzen der Erwachsenen nicht erleben (in Form von deren Haltungen, Meinungen, Bedürfnissen und Gefühlen) und weil damit das gesamte Gegenüber unsichtbar bleibt. So entgehen den Kindern wichtige BEZIEHUNGSERFAHRUNGEN. Denn sie lernen nichts über Grenzen, sodass sie selbst Grenzen überschreiten und in anderen sozialen Kontexten schnell in Konflikte geraten.

Da solche Eltern sich derart zurücknehmen und ihre Persönlichkeit in allen Facetten, die zum Miteinander dazugehören, nicht zeigen, können Kinder nicht erfahren, dass andere Menschen auch Bedürfnisse und eigene Standpunkte haben. Durch die »Servicehaltung« bleiben Eltern KONTURLOS und nehmen für Kinder keine klare Gestalt an. Kindern fehlt dann ein deutliches Gegenüber, welches das kindliche Verhalten spiegelt und beantwortet.

Was fühlen die Eltern von Josephine denn wirklich, wenn sie zum dritten Mal den Platz wechseln (müssen/sollen)? Was denken sie wohl, wenn ein Schwimmbadbesuch endet, ohne dass auch nur eines der drei Familienmitglieder im Wasser gewesen ist? Da sie sich vorgenommen haben, immer freundlich, zurückgenommen und beherrscht zu agieren, bleibt ihre eigentliche HALTUNG verborgen. Ihre Tochter erhält keine klaren Hinweise, sodass es ihr an Orientierung und Führung fehlt. Sie bekommt zwar Aufmerksamkeit und Zuwendung, dies jedoch in einer Form, die ihr keine brauchbaren Antworten gibt, weder auf der emotionalen Ebene noch auf der Handlungsebene. Für sie ist nicht erkennbar, was ihre Eltern eigentlich wollen und welche Position sie tatsächlich vertreten.

Kinder wie Josephine erleben einen Mangel an Geborgenheit und echter Zuwendung, was sie erheblich überfordert und verunsichert. Dies zeigt sich für Außenstehende deutlich in der ständigen Unzufriedenheit und der herrischen, unsensiblen Art und Weise, die diese Kinder oft an den Tag legen. Was sich für uns als sozial unverträgliches Verhalten zeigt, ist im Grunde Überforderung und der verzweifelte Versuch dieser Kinder, ihren emotionalen Mangel zu kompensieren.

RÜCKENSTÄRKUNG
Kinder sind keine Tyrannen

Kinder, die sich wie Josephine (siehe Seite 36) verhalten, werden von Kinderpsychiatern und anderen Experten gerne als »Tyrannen« bezeichnet und den Eltern wird geraten, ihnen Grenzen zu setzen. Dabei wird die tiefe Not der Kinder übersehen.

Liebe Eltern, lassen Sie sich nicht davon abbringen, neue Wege zu gehen. Sie sind auf der Suche nach einem neuen Verhältnis zu Ihrem Kind. Das ist gut so! Ich möchte Sie darin bestärken, an dem Wunsch nach einer guten Beziehung zu Ihrem Kind festzuhalten, auch wenn Sie vielleicht im Alltag manchmal in eine »Servicehaltung« geraten. Übernehmen Sie eine einfühlsame Führung und zeigen Sie Ihre Persönlichkeit. Positionieren Sie sich, auch wenn Sie so riskieren, sich vorübergehend bei Ihrem Kind »unbeliebt« zu machen. Es ist nie zu spät für eine gute Eltern-Kind-Beziehung.

Wir haben also gesehen, dass eine belastete und unausgewogene Eltern-Kind-Beziehung verschiedene Ursachen haben kann: zum einen Eltern, die ihre Führung mithilfe der herkömmlichen Erziehung (siehe Seite 14 und 30–33) durchsetzen, und zum anderen Eltern, die gar nicht führen und ihre eigenen Bedürfnisse übergehen (siehe Seite 38–40). Beides ist für Kinder schwierig, denn sie brauchen Führung und Orientierung durch präsente und authentische Eltern.

Die gleichwertige Beziehung

Es gibt einen entscheidenden Unterschied zwischen der »herkömmlichen Erziehung« und der »neuen Beziehung«, also dem Eltern-Kind-Verhältnis, das in erster Linie BEZIEHUNGSORIENTIERT ist. Dieser Unterschied besteht in der Einstellung, dass Kinder uns Erwachsenen gleichwertig sind. Nicht gleichberechtigt, aber gleichwertig. Gleichberechtigt deshalb nicht, weil Kinder nicht die gleiche Verantwortung tragen können wie wir Erwachsene. Sie haben jedoch den gleichen Wert wie wir, sie sind gleichwürdig, haben die gleiche Würde wie Erwachsene, die es zu schützen und nicht zu verletzen gilt.

In dieser Form von Beziehung werden Kinder als Menschen mit einem Recht auf EIGENE GRENZEN wahr- und in ihren Reaktionen, Äußerungen und Rückmeldungen sowie mit ihrer Meinung und ihren Entscheidungen ernst genommen. Die Beziehung zu Kindern verändert sich von einer Subjekt-Objekt-Beziehung zu einer SUBJEKT-SUBJEKT-BEZIEHUNG. Das heißt, wir nehmen uns gegenseitig als individuelle Persönlichkeiten wahr. Auf dieser Grundlage können wir unsere Kinder in ihrer Entwicklung begleiten, ihre mitgebrachten Fähigkeiten und Potenziale als wertvolles Gut behandeln und eine Atmosphäre in der Beziehung zu ihnen herstellen, die es ihnen ermöglicht, diese Fähigkeiten und Potenziale zur Entfaltung zu bringen.

» KINDER SIND GLEICHWERTIGE, KOMPETENTE KLEINE MENSCHEN. SIE SIND ES WERT, ERNST GENOMMEN ZU WERDEN UND SIE SIND VON ANFANG AN IN DER LAGE, UNS WERTVOLLE RÜCKMELDUNGEN ZU GEBEN. «

GRUNDLAGEN DER NEUEN ELTERN-KIND-BEZIEHUNG

Wenn wir die herkömmliche Erziehung (siehe Seite 14 und Seite 30) hinter uns lassen, kann ein völlig neues Verhältnis zu unseren Kindern mit einer neuartigen Qualität entstehen. Und durch den authentischen, gleichwertigen Dialog zwischen Eltern und Kindern wachsen Vertrauen und Sicherheit. Das heißt nicht, dass Eltern ihre Führungsrolle und Verantwortung aufgeben und ihren Kindern keine Orientierung bieten sollten. Im Gegenteil, die FÜHRUNG bleibt eindeutig bei den Eltern, genauso wie die Verantwortung. Die Kinder werden in diesem Prozess jedoch mit ihren individuellen Eigenarten ernst genommen. Ihre Rückmeldungen wiederum können den Eltern als Signal dienen, wie ihre Form der Führung von ihrem Kind wahrgenommen und verstanden wird, und sie können darüber nicht nur ihr eigenes Verhalten reflektieren, sondern auch die Qualität der Beziehung stetig im Blick haben. Die Beziehung zueinander ist also DYNAMISCH und lässt sich gestalten und es profitieren beide Seiten von diesem Austausch.

» IN UNSERER FAMILIE DARF ES JEDEM GUT GEHEN! JEDER DARF SICH WOHLFÜHLEN UND ALLE MITGLIEDER SIND ES WERT, MIT IHREN ANLIEGEN UND WÜNSCHEN GEHÖRT UND ERNST GENOMMEN ZU WERDEN. «

Die Kinder werden so um ihrer selbst willen geachtet und geliebt und nicht, weil sie sich anpassen, etwas leisten oder etwas tun, was wir von ihnen verlangen. Beziehungsorientierte Eltern setzen sich ernsthaft mit den Anliegen ihrer Kinder auseinander. Sie übernehmen Verantwortung für das Gelingen der Beziehung, indem sie fürsorglich und aufmerksam in Bezug auf die Bedürfnisse ihrer Kinder sind.

Dies ist vor allem eine Frage der HALTUNG und hat mit dem bisherigen »aktiven Erziehen« und den dahinterliegenden Zielen und Vorstellungen wenig gemein. Um diese Haltung für sich entwickeln zu können, lohnt sich ein Blick in die Bindungsforschung. In diesem Bereich haben der Kinderpsychiater John Bowlby und die Entwicklungspsychologin Mary Ainsworth einige interessante Studien gemacht und wesentliche Theorien entwickelt.

Bindung oder wie eine Beziehung entsteht

Kinder kommen schon mit Stärken auf die Welt. Sie bringen Offenheit mit, Unvoreingenommenheit und die Fähigkeit, sich an Bezugspersonen zu binden. Wir Menschen sind quasi geboren, um uns zu binden, und diese Beziehungsfähigkeit scheint eine evolutionär tief verwurzelte Anlage zu sein. Wir brauchen Bindung, um zu überleben! Das heißt, wir brauchen auch Personen, mit denen wir uns verbinden und bei denen wir uns geborgen fühlen können. Das ist entscheidend für ein gesundes seelisches und körperliches Wachstum.

> » EINE SICHERE BINDUNG IST DIE VORAUSSETZUNG FÜR EIN GLÜCKLICHES ERWACHSENENLEBEN MIT ERFÜLLENDEN BEZIEHUNGEN. «

Bezugspersonen beziehungsweise Bindungspersonen sind in der Regel die Eltern oder die Menschen, mit denen das Kind den intensivsten Kontakt in seinen ersten Lebensmonaten hat. Im Säuglings- und Kleinkindalter dient die Bindung vornehmlich der Befriedigung überlebenswichtiger Bedürfnisse, da ein menschliches Neugeborenes ohne Versorgung durch die Eltern nicht überleben kann. Sie müssen es ernähren, pflegen und schützen. Diese erste frühe Bindung ist jedoch nicht nur für das physische Überleben wichtig, sondern auch maßgeblich für eine gute emotionale Entwicklung als Grundlage für eine gesunde psychische Struktur. So entwickelt der Säugling eine besondere Beziehung zu seinen Eltern oder auch zu anderen in dieser Zeit bedeutsamen

Menschen. Das heißt, er ist auf der Suche nach der Befriedigung seines Bedürfnisses, sich aufs Tiefste in dieser speziellen Weise zu binden. Die Aufgabe der Eltern ist es, die Voraussetzungen dafür zu schaffen, dass die Bindung entstehen kann und aufrechterhalten bleibt, indem sie dem Neugeborenen GEBORGENHEIT und SCHUTZ bei Gefahr – und sei diese auch »nur« vom Kind als solche erlebt – bieten.

Bindung ist ein Grundbedürfnis

Jeder Mensch wird mit dem Bedürfnis geboren, enge und intensive Beziehungen einzugehen, also sich zu binden. Ein Kind bindet sich – weil es keine andere Wahl hat – an die Personen, die ihm vertraut sind, ganz unabhängig davon, wie gut oder schlecht diese seine Bedürfnisse tatsächlich befriedigen. Vernachlässigung oder Lieblosigkeit beispielsweise haben daher zwar keinen Einfluss auf das Bindungsbedürfnis und -verhalten des Kindes, wohl aber auf seine psychische und emotionale Entwicklung. Je nachdem, wie Eltern also auf das kindliche Bindungsbedürfnis reagieren, können Kinder sich mehr oder weniger sicher binden. Eine sichere Bindung ist die Voraussetzung für eine gute Eltern-Kind-Beziehung, das gesunde Aufwachsen von Kindern sowie für emotionale Stärke und eine gute Beziehungsfähigkeit im Erwachsenenalter.

Wie Säuglinge mit uns kommunizieren

Schon Neugeborene wollen aktiv mit ihren Bezugspersonen in Kontakt treten und sich mit ihnen austauschen. Sie kommunizieren mit dem ganzen Körper und senden nicht-sprachliche Signale durch Mimik und Gestik. Auch setzen sie ihre Stimme ein und geben je nach Stimmung und Bedürfnis verschiedene Laute von sich (etwa Unmuts- oder Wohligkeitslaute). Durch den engen Kontakt mit ihrem Baby können Eltern dessen Äußerungen dann mit der Zeit interpretieren, den jeweiligen Stimmungen und Bedürfnissen zuordnen – und darauf reagieren. Babys haben außerdem die Fähigkeit, ihre jeweilige Hauptbezugsperson zu erkennen: Unmittelbar nach der Geburt kann das Neugeborene bereits die Stimme seiner Mutter von anderen Stimmen unterscheiden und schon sehr früh verschiedene Sinneseindrücke koordinieren. Es erlangt dann ein einheitliches Bild der Mutter, indem es eine Verbindung zwischen ihrer Stimme und ihrem Gesicht herstellt.

Aber nicht nur die Wahrnehmungs-, sondern auch die Gefühlswelt eines Säuglings ist komplex. Die sogenannten PRIMÄRAFFEKTE, die allen Menschen in allen Kulturen der Welt angeboren sind und die nicht gelernt werden müssen, können Säuglinge bereits mimisch zum Ausdruck bringen. Diese Primäraffekte dienen somit der Kommunikation zwischen Kind und Bindungspersonen: Interesse, Überraschung, Ekel, Freude, Ärger, Traurigkeit und Furcht sind die Empfindungen, die eine Mutter im Gesicht ihres Kindes erkennt. Das ist die Voraussetzung dafür, dass sie dann auch FEINFÜHLIG auf die Vorlieben, Abneigungen und Grenzen des Säuglings reagieren kann.

> **» FEINFÜHLIGKEIT MEINT, ALS BEZUGSPERSON DIE SIGNALE DES KINDES WAHRZUNEHMEN, SIE IM SINNE DES KINDES ZU INTERPRETIEREN UND DAS BEDÜRFNIS DES KINDES DANN ANGEMESSEN ZU BEFRIEDIGEN. «**

Durch die Kommunikation zwischen Bezugsperson und Säugling kann das Kind seine Affekte regulieren. Ein Affekt wie Ärger äußert sich zum Beispiel durch Erregung, die schnell in Übererregung umschlagen kann. Und weil das Kind sich nicht selbst beruhigen (also sein Gefühl nicht selbst regulieren) kann, ist es dazu auf jemanden angewiesen. Die Bezugsperson muss also dann dafür sorgen, dass das Nervensystem auch wieder »runterfährt«. Das Kind lernt so, dass Erregung etwas Gutes ist und dass es mit dem unangenehmen Übererregungszustand nicht alleine ist. Es kann gute erste emotionale Erfahrungen machen, Vertrauen entwickeln und eine sichere Bindung aufbauen.

Menschen mit unsicheren Bindungserfahrungen werden später in ihren Beziehungen Schwierigkeiten haben, Vertrauen zu entwickeln, sich geborgen und sicher zu fühlen. Deshalb ist es so wichtig, dass Eltern sich feinfühlig in Bezug auf alle Signale ihres Kindes verhalten und zuverlässig reagieren. Denn nur so kann sich eine sichere Bindung entwickeln (entsprechend führt weniger feinfühliges Verhalten zu einer unsicheren Bindung). Diese Form von Kontakt, Kommunikation und Interaktion ist die Grundlage einer guten Beziehungsfähigkeit!

Bindungstypen

In der Regel unterscheidet man vier Bindungstypen: Die sichere, die unsicher-vermeidende, die unsicher-ambivalente und die desorganisierte/desorientierte Bindung. Grundlage dieser Einteilung bilden die Untersuchungen der Entwicklungspsychologin Mary Ainsworth aus dem Jahr 1969. Es wurde untersucht, wie Kinder im Alter von elf bis achtzehn Monaten auf die An- und Abwesenheit und vor allem auf die Rückkehr der Mutter reagierten.

1. Die sichere Bindung

Kinder mit einer sicheren Bindung verfügen über ein großes Vertrauen in ihre Bezugsperson. In unbekannten Situationen, in fremder Umgebung oder bei Abwesenheit der Bezugsperson kommt es zwar zu einem Trennungsschmerz und die Kinder weinen; sie vertrauen aber darauf, dass die Bezugsperson wiederkommen wird. Eine sichere Bindung schaffen Eltern, die Signale ihres Kindes richtig interpretieren, die kindlichen Bedürfnisse dann befriedigen und dem Kind so Sicherheit vermitteln können. Das Kind kann sich dadurch schnell beruhigen.

2. Die unsicher-vermeidende Bindung

Kinder dieses Bindungstyps zeigen eine vermeintliche Unabhängigkeit von der Bezugsperson. Sie wenden sich bei deren Abwesenheit – anscheinend davon unberührt – dem Spielzeug zu und versuchen auf diese Weise, den Stress der Trennung von der Bezugsperson zu kompensieren, ohne ihren wahren Gefühlen dabei offen Ausdruck zu verleihen. Auch bei der Rückkehr der Bezugsperson zeigen diese Kinder kaum sichtbare Reaktionen oder neigen gar zu ablehnendem Verhalten. Kinder mit diesem Bindungsverhalten haben immer wieder die Erfahrung gemacht, dass ihre Wünsche nach Bindung und Nähe nicht erfüllt werden. Um diese immer wiederkehrende, schmerzhafte Enttäuschung zu verhindern, fangen diese Kinder an, selbst die Beziehung zu vermeiden.

3. Die unsicher-ambivalente Bindung

Kinder mit einer solchen Bindung sind äußerst ängstlich und extrem von ihrer Bezugsperson abhängig. Von ihr kurzfristig getrennt zu sein, ist für diese Kinder äußerst belastend und sie reagieren auf eine fremde Umgebung selbst dann ängstlich, wenn die Bezugsperson noch anwesend ist. Diese (Trennungs-)Angst ist eine Reaktion auf eine Bezugsperson, deren Verhalten für das Kind nicht einzuschätzen und nicht nachvollziehbar ist.

4. Die desorganisierte/desorientierte Bindung

Kinder dieses Bindungstyps zeigen widersprüchliche, nicht erwartbare Verhaltensweisen. Möglich ist etwa, dass sie weinen, wenn ihre Bezugsperson den Raum verlässt, auf deren Rückkehr aber mit Aggression oder Vermeidungsstrategien reagieren. Nicht selten treten bei diesen Kindern auch körperliches Erstarren oder stereotype Bewegungsmuster wie Hin- und Herschaukeln auf. Auslöser für ein solches Bindungsverhalten sind Eltern, die einerseits Bezugspersonen sind, zugleich aber diejenigen, vor denen das Kind Schutz suchen muss. Der Erwachsene bietet hier also ein höchst ambivalentes Beziehungsmuster an, und die desorientierte Bindung, die daraus entsteht, hat gravierende Folgen für den betreffenden Menschen (Bindungs- und Beziehungsstörungen).

Die beschriebenen vier Bindungstypen sind modellhaft; in der Beziehung zu unseren Kindern wird es immer Mischungen und Anteile des einen oder anderen Typs geben. Wenn Sie Fragen zur Bindung in Bezug auf sich und Ihr Kind haben, kann Ihnen eine Beratung oder ein Austausch mit Fachleuten Sicherheit geben.

Was bedeutet elterliche Liebe?

Eine Beziehung zu jemandem zu haben, sagt noch nichts über die Qualität der Beziehung aus. Aber gerade auf die Qualität kommt es an. Grundsätzlich verstehe ich unter einer guten, konstruktiven Beziehung eine UNTERSTÜTZENDE Beziehung. Eine Beziehung, die dem anderen die Sicherheit vermittelt, dass er mit seinen Reaktionen und Antworten ernst genommen und wertgeschätzt wird. Die Eltern-Kind-Beziehung weist zudem noch eine andere, ganz außergewöhnliche QUALITÄT auf: Eltern würden auf die Frage, ob sie ihr Kind lieben, sofort immer mit Ja antworten. Wir sprechen also von Liebe in der Beziehung zu Kindern – einer Liebesbeziehung. Aber wie lässt sich diese Liebe definieren? »Mit Liebe alleine ist es nicht getan«, hören wir oft. Oder auch: »Liebe kann erdrückend sein.« Was verstehen wir also unter Liebe und wann ist sie hemmend und wann förderlich für eine gute Entwicklung von Kindern?

Die Urerfahrung, die unser Leben prägt

Um sich einer möglichen Antwort auf die oben gestellten Fragen zu nähern, sind die beiden grundlegenden Erfahrungen zu betrachten, die wir vorgeburtlich im Schutzraum des Uterus unserer leiblichen Mutter gemacht haben. In dieser frühen, der PRÄNATALEN PHASE unseres Lebens haben wir bereits erste prägende Beziehungserfahrungen gemacht: Die Grund- oder Urerfahrung der gesamten Schwangerschaft ist es, dass man einerseits sicher, tief und innig (im Uterus und über die Nabelschnur mit der Mutter) aufgehoben und verbunden ist; andererseits jedoch wächst der Fötus jeden Tag und wird so auch schon im Mutterleib immer autonomer, kompetenter, immer freier, unabhängiger und eigenständiger.

Genau diese Urerfahrung ist es, die uns zum einen zu sozialen und beziehungsfähigen Wesen macht; zum anderen lässt uns diese Erfahrung auch mit der Sehnsucht ins Leben gehen, genau diese Qualität der Beziehung wiederzuerlangen – tiefe VERBUNDENHEIT bei gleichzeitiger maximaler AUTONOMIE. Und genau auf dieser Erfahrung basiert die Qualität unserer Liebesbeziehung zu den Kindern. Diese Beziehungsform zu leben bedeutet, dass sich zwei Partner ganz eng und auf das Tiefste verbunden fühlen, sich gegenseitig vertrauen und voneinander wissen, dass sich der eine auf den anderen verlassen kann. Sie wissen auch voneinander, dass sich der eine für den anderen nichts mehr wünscht, als dass der in der Lage ist, sich als eigenverantwortliche und eigenständige Person zu entfalten, er also unabhängig und autonom sein kann. Und so widersprüchlich es klingen mag: Genau dieser Spannungszustand beschreibt das Gefühl Liebe.

» LIEBE IST DIE EINZIGE BEZIEHUNGSFORM, IN DER WIR MENSCHEN FREI UND VERBUNDEN ZUGLEICH SEIN KÖNNEN. «

Wichtig für Kinder ist, dass sie sich in eben diesem Sinne geliebt fühlen, dass sie eine Beziehung erfahren, die von Liebe und Anerkennung geprägt ist und die existenzielle Botschaft vermittelt: »Du bist okay, so wie du bist!« Und die ihnen gleichzeitig den Raum zum Wachsen gibt und die Freiheit, ihre Potenziale zu entfalten.

» ALLE BEZIEHUNGEN ZU KINDERN, WELCHE DIE URERFAHRUNG NICHT BERÜCKSICHTIGEN, HEMMEN, BEHINDERN ODER STÖREN DIE ENTWICKLUNG DES KINDES. «

Wenn wir Eltern um diese beiden Grundbedürfnisse wissen, die sowohl wir als auch unsere Kinder haben, und auch darum, dass unsere Kinder sich im Spannungsfeld dieser zwei Bedürfnisse entwickeln, können wir auch dafür sorgen, dass diese Bedürfnisse gleichermaßen befriedigt werden. Dann können wir den Kindern das Gefühl von Verbundenheit bei gleichzeitiger Autonomie so vermitteln, dass sie Sicherheit und Geborgenheit einerseits, aber auch maximale Möglichkeiten zum Wachsen andererseits erfahren. Johann Wolfgang von Goethe drückte dies schon vor Jahrhunderten auf seine Art aus: »Zwei Dinge sollen Kinder von ihren Eltern bekommen: WURZELN und FLÜGEL.«

Die konstruktive Beziehung im Mittelpunkt

Sich von alten Mechanismen (siehe Seite 14 und Seite 30) zu verabschieden und im Umgang mit Kindern auf eine konstruktive Beziehung zu vertrauen und diese auch in dem hier beschriebenen Sinne zu gestalten, ist zunächst vielleicht nicht ganz einfach. Dass es möglich ist, zeigt das Beispiel von Moritz und seiner Mutter (siehe Seite 31). Der nachfolgende Brief gibt Einblicke, wie das UMDENKEN oder auch das UMFÜHLEN von herkömmlicher Erziehung zum bindungs- und beziehungsorientierten Ansatz aussehen kann.

Liebe Frau Saalfrank,
vielen Dank für die Beratung vor zwei Wochen bei Ihnen. Ich habe Moritz und auch mich selbst in einem völlig neuen Licht gesehen. Ich fühle mich einfach nicht wohl, wenn ich mit solchen Konsequenzen drohe, es muss doch auch anders gehen. Gleich als ich nach Hause kam, habe ich mir Zeit genommen und Moritz gesagt, dass mir diese Auseinandersetzung nachhängt und ich nicht mehr mit Wenn-dann-Sätzen drohen und auch nicht mehr mit einem Computerverbot strafen möchte. Moritz hat ganz aufmerksam zugehört. Ich habe ihn dann, wie wir es besprochen hatten, gefragt, ob er eine Idee hat. Hatte er: Er hat mir vorgeschlagen, dass er die Hausaufgaben am Küchentisch macht, damit ich ansprechbar für ihn bin und seine Spielsachen ihn nicht so ablenken. Ich fand das einen guten Vorschlag und wir haben es probiert. Auch haben wir verabredet, dass wir mehr miteinander darüber sprechen wollen, was uns bedrückt, und dass wir einander zuhören wollen.

Was soll ich sagen? Es läuft jeden Tag besser. Ich habe mir den Punkt »Beziehung« genauer durch den Kopf gehen lassen und musste feststellen, dass ich in den letzten Jahren wirklich kaum darauf geachtet habe, dass es uns allen miteinander gut geht. Irgendwie dachte ich gar nicht, dass das geht. Einer ist doch immer unglücklich und fühlt sich schlecht behandelt. Es war mir immer wichtiger, dass alles funktioniert. Jetzt ist mir die Beziehung wichtiger. Es geht nicht von heute auf morgen, aber in kleinen Schritten.

Ihre Petra M.

Die konstruktive, positive Beziehung ist das zentrale Element im Umgang mit unseren Kindern. Wir Eltern können so unsere Kinder in ihrer Entwicklung auf allen Ebenen gut und liebevoll begleiten. Die Beziehungsebene lässt immer unmittelbar die Emotionen in uns anschwingen, sodass Beziehung zu anderen gleichzeitig auch Beziehung zu sich selbst bedeutet. Eigene Gefühle (Wut, Ärger, Trauer, Freude, …) wahrnehmen, sie verbalisieren und auch verarbeiten zu können, ist eine wichtige Voraussetzung, um gesund und selbstbewusst aufzuwachsen und sich gut zu entwickeln. Empathisch zu sein, den anderen ernst zu nehmen und ihn verstehen zu wollen, ist entscheidend für eine konstruktive Beziehung. Denn nur wenn wir den anderen verstehen, seine Standpunkte, Gedanken und Gefühle nachvollziehen können, können wir Bedürfnisse wahrnehmen und in einen fruchtbaren Austausch treten. Voraussetzung für eine gute und stabile Beziehung zu Kindern ist also das Verständnis für sie, ihre Bedürfnisse und ihre individuellen Anliegen.

AHA-EFFEKT

- Eltern dürfen heute neue eigene Wege suchen.
- Beziehung statt Erziehung heißt nicht, Kinder sich selbst zu überlassen. Es heißt, sie wertschätzend zu führen und ihnen Orientierung zu bieten.
- Die neue Eltern-Kind-Beziehung unterliegt keiner starren Methode, sondern ist dynamisch auf die emotionalen Bedürfnisse des Kindes ausgerichtet.
- Die Qualität der Beziehung zwischen Eltern und Kind ist maßgeblich für eine gesunde psychische und physische Entwicklung.
- Eltern dürfen die Liebe zu ihrem Kind in liebevolle Handlungen fließen lassen und müssen die Grenze des Kindes nicht übertreten.

2

ACHTSAMKEIT

— statt —

BELEHRUNG

In der Erziehung spielten noch vor gut sechzig Jahren Gefühle kaum eine Rolle. Sie wurden nicht beachtet und in der Regel unterdrückt. Das passiert auch heute noch. Vielfältige wissenschaftliche Studien belegen jedoch, dass das Verdrängen von Gefühlen den Menschen krank macht. So dürfen wir heute die Bedürfnisse unserer Kinder berücksichtigen und ihre emotionale Entwicklung achtsam begleiten.

WIE ES HÄUFIG IST: BELEHRUNG UND KRITIK

Immer wieder stelle ich fest, dass wesentliche Erkenntnisse der Entwicklungspsychologie über bestimmte kindliche Verhaltensweisen – die zu einer notwendigen und gesunden Gesamtentwicklung von Kindern gehören – noch nicht in unserer Gesellschaft angekommen sind. Kein Wunder also, dass entwicklungsgerechtes kindliches Verhalten auch immer wieder falsch eingeordnet wird. Eine Mutter schilderte mir in einer Mail folgende Situation.

Hallo Frau Saalfrank,
ich bin sehr beunruhigt. Von der Kitaleiterin haben wir einen katastrophalen Bericht über Daniels Entwicklung erhalten. Dieser enthält eine Vielzahl an Verdachtsdiagnosen und Empfehlungen für eine Diagnostik und Therapie in einer Klinik. Daniel ist erst drei Jahre und zwei Monate alt. Wir sind zu Hause sehr liebevoll mit ihm. In der Kita zieht er an den Haaren und beißt manchmal andere Kinder, berichtet die Erzieherin. Sie erklären ihm immer wieder, dass er das nicht machen darf, und nehmen ihn auch aus der Gruppe heraus. Daniel sitzt dann alleine und ist traurig. Laut Kita bringt das aber wenig, er geht trotzdem immer wieder auch aggressiv auf andere Kinder zu. Die Kita fordert mich jetzt auf, für Daniel einen erhöhten Förderbedarf zu beantragen. Ziel ist, die Aggressivität und die Wut aus ihm rauszubekommen. Er wird sonst später nur Schwierigkeiten bekommen. Können Sie uns helfen und sagen, was mit unserem Kind los ist?

Daniels Geschichte ist ein typisches Beispiel dafür, dass entwicklungsgerechtes kindliches Verhalten oft sogar von Erziehern nicht erkannt wird und sie deshalb auch nicht achtsam und konstruktiv darauf reagieren. Deutlich wird hier die Haltung der Erwachsenen: Negative GEFÜHLE darf ein Kind nicht haben, jedenfalls nicht hier. Das Verhalten ist unerwünscht. Die »Lösung«: Das Kind wird ausgegrenzt. Wenn es schon in Institutionen bei pädagogischen Fachkräften Missverständnisse in Bezug auf entwicklungsgerechtes Verhalten gibt, ist es nicht verwunderlich, dass auch Eltern verunsichert sind:

*H*allo Frau Saalfrank,
so langsam bin ich mir als Mama doch unsicher. Auch, wenn es sich angedeutet hat, dass es schwieriger wird, hatte ich doch bis vor Kurzem noch alles im Griff. Jetzt bockt mein Kind aber immer mehr und hat auch Wutanfälle. Valentin wird jetzt vier Jahre alt und ist, glaube ich, ein sehr wildes Kind. Das macht mir alles etwas Angst. Angst, nicht richtig zu reagieren und dann ein »unerzogenes« Kind zu bekommen, eines, das aggressiv wird und schlägt. Ich möchte nicht, dass er später mal mit dem Gesetz in Konflikte gerät.

Gestern auf dem Spielplatz war ich peinlicher Mittelpunkt. Er wollte auf das große Klettergerüst, aber es war einfach zu gefährlich. Ich habe es erklärt, aber dann kam seine Wut hoch. Auch hat er sich mit einem anderen Kind angelegt und diesem einfach die Schippe weggenommen und es gehauen. Er wurde immer wütender und richtig laut. Ich sagte, dass er aufhören soll und dass ich sein Verhalten so nicht dulde. Das hat aber gar nichts gebracht. Er hat nur noch lauter geschrien und sich schließlich auf den Boden geschmissen. Bis zum Parkplatz war das Geschrei zu hören, er hatte einen ganz roten Kopf und hat so gewütet, dass ich ihn kaum an der Hand halten konnte. Ich bin dann auch laut geworden und hab ihm noch mal deutlich gemacht, dass er sich so nicht verhalten kann, obwohl ich das schon vorher in ruhigem Ton gemacht habe. Er muss das doch einsehen!

Diese Wutanfälle haben wir nun immer öfter – wie kann ich die Wut aus ihm rauskriegen und ihn zur Vernunft bringen? Ich weiß einfach nicht, wie ich reagieren soll. Haben Sie einen Tipp für mich, ich fühle mich auch in der Öffentlichkeit nicht wohl, weil ich oft schräge Blicke ernte. Was kann ich denn tun?

Ihre Manuela P.

Das Verhalten von Daniel und Valentin ist absolut altersentsprechend und entwicklungsgerecht. Wenn man das aber nicht so einschätzt, weil man die emotionalen Entwicklungsstufen von Kindern nicht als solche erkennt, werden Kinder als »auffällig« wahrgenommen. Somit wird ein altersgerechtes, normales Verhalten als pathologisch eingeordnet. Begegnen wir Kindern dann mit Belehrungen und Kritik an ihrem Verhalten, anstatt mit Verständnis und Achtsamkeit auf ihre emotionale Entwicklung einzugehen, werden sie vor allem eins lernen: Meine Bedürfnisse werden nicht gehört und sind nicht richtig, negative Gefühle sind unerwünscht. Kinder müssen so also Gefühle wie Wut, Ärger und Frustration unterdrücken. Was sie nicht lernen können, ist, die ganze Bandbreite möglicher Gefühle wahrzunehmen, zu benennen und später dann auch darüber zu sprechen, was in ihnen vorgeht. Das heißt, es fehlen ihnen wichtige emotionale Erfahrungen. Gerade die sind aber wichtig für das Wohlbefinden und die psychische Gesundheit. Woher kommt es, dass wir heute noch Gefühle nicht oder zu wenig berücksichtigen? Eigentlich wissen wir doch um die Bedeutung der emotionalen Ebene. Ich will ein wenig ausholen.

Schluss mit Ammenmärchen!

Nach dem Zweiten Weltkrieg wurden bis 1987 rund 1,2 Millionen Exemplare des Buches von Johanna Haarer in Deutschland verkauft, das die Erziehungshaltung über Jahrzehnte geprägt hat: »Die deutsche Mutter und ihr erstes Kind«. Ein Erziehungsratgeber, der in den Dreißigerjahren verfasst wurde. Die Haarersche Prämisse lautet: Wenig emotionale Nähe – sonst zieht man sich Tyrannen heran (siehe auch Seite 40). Das Kind wäre also ein Tyrann, den es zu bändigen gelte – und zwar schon als Säugling! So schreibt sie, vor dem weinenden Kind warnend: »Dann, liebe Mutter, werde hart! Fange nur ja nicht an, das Kind aus dem Bett herauszunehmen, es zu tragen, zu wiegen, zu fahren oder es auf dem Schoß zu halten, es gar zu stillen. Das Kind begreift unheimlich rasch … – und der kleine, aber unerbittliche Haustyrann ist fertig.« Das bedeutete im Umkehrschluss also: das kleine Kind schreien lassen, es nicht auf den Arm nehmen, ja überhaupt nicht zu viel Aufmerksamkeit und Nähe aufkommen lassen. Was es aber auch bedeutet: In dieser Form von Erziehung werden die existenziellen Bedürfnisse des Kindes nach Schutz, Nähe, Geborgenheit, Zuwendung und Wärme nicht erfüllt, seine Gefühle bleiben ständig unbeachtet und es muss sie in der Folge unterdrücken. Aber auch die Mutter muss ihre Gefühle für ihr Kind verleugnen. Auf diese Weise verlieren Frauen schnell ihre mütterliche Intuition.

»Lasst das Kind ruhig mal weinen«, »Schreien stärkt die Lungen« oder auch »Die Kinder müssen früh lernen, sich selbst zu beruhigen« wird auch heute oft noch propagiert. Das sind Ammenmärchen und es ist schlicht falsch. Kinder können und müssen sich in diesem Alter noch nicht selbst regulieren. Sie brauchen fürsorgliche Eltern, die feinfühlig auf die emotionalen Bedürfnisse reagieren.

Folgen Sie Ihrer Intuition

Aber warum konnte sich die Erziehungshaltung, die Haarer in den 1920er- und 1930er-Jahren vertrat, so lange halten? Kinder, die nach dem Krieg aufwuchsen, wurden ja doch nicht mehr im eigentlich nationalsozialistischen Sinn erzogen? Das nicht, aber die distanzierte, emotionsarme Haltung von Eltern ihren Kindern gegenüber wurde tradiert und zum gesellschaftlichen Erziehungskonsens der Nachkriegszeit – und darüber hinaus. Eltern übernahmen einfach, was sie selbst erlebt hatten: Kinder wurden mit einer gewissen »Härte« und ohne Körperkontakt zu den Eltern erzogen. Und so reichen noch bis heute bestimmte Vorstellungen aus dieser Zeit in unseren Erziehungsalltag hinein. Und aus dieser Zeit und diesem Denken heraus stammen auch die vielen Ammenmärchen, Tipps, Warnungen und Halbwahrheiten, die Eltern heute tief verunsichern. Hören Sie auf Ihr Bauchgefühl und bleiben Sie feinfühlig. Vielfältige wissenschaftliche Studien aus Psychologie und Psychotherapie belegen ganz klar, dass das Verleugnen und Unterdrücken von Gefühlen den Menschen krank macht.

> » KLEINE KINDER BRAUCHEN KÖRPERKONTAKT, WÄRME, ZUWENDUNG, GEBORGENHEIT UND DIE SICHERHEIT, DASS SIE NICHT ALLEINE SIND. «

Was die gesunde Entwicklung hemmt

Wenn man Kindern – egal welchen Alters – die emotionale Nähe und Fürsorge versagt, sie alleine lässt, dann hinterlässt das Spuren. Denn wenn Gefühle ignoriert und unterdrückt werden, hemmt das die emotionale Entwicklung und damit ein gesundes Aufwachsen auf ALLEN Ebenen. Die Krankheiten und Beeinträchtigungen reichen von Angststörungen über Depressionen bis hin zu Bindungs- und Beziehungsstörungen. Eine Erziehung nach Haarer bedeutet, dass das Bindungsverhalten des Kindes nicht beantwortet wird. Die für eine gesunde Entwicklung so wichtige sichere Bindung (siehe Seite 46) kommt nicht zustande. Das führt beim Kind zu starker Verunsicherung und Trennungsangst, deren Grundstruktur in der Psyche ein Leben lang fortbestehen kann. Es ist also enorm wichtig, dass wir Eltern auf die Gefühle unserer Kinder achtsam eingehen, uns auch auf unser Gefühl verlassen, denn das sagt uns unzweideutig: Kinder brauchen Nähe und sie brauchen uns als verlässliche erste Bindungs- und Bezugspersonen.

Wie wichtig es ist, dem Verhalten von Daniel (siehe Seite 54) und Valentin (siehe Seite 55) auf der EMOTIONALEN EBENE zu begegnen, wird mit diesem Wissen deutlich. Es geht nicht darum, die Wut und die Aggression aus ihnen »rauszubekommen«, sondern darum, dass sie wertschätzende Begleitung erfahren und mit der Zeit lernen, auf eine konstruktive Weise mit allen ihren Gefühlen umzugehen. Das ist ein langer Lernprozess, bei dem wir unsere Kinder auf vielfältige Weise unterstützen können. Vor allem sollten wir ihnen nicht auf der Verhaltensebene (belehrend und kritisierend) begegnen, sondern die Gefühlsebene beachten. Und damit komme ich noch einmal auf das Thema Bindung (siehe auch Seite 43–47) zurück.

Im Alltag mit Kindern Bindung leben

Bindung heißt Verbindung herstellen und festigen. Diese können wir im Alltag mit unseren Kindern tagtäglich in kleinen Bindungs- und Beziehungsmomenten immer wieder tief verankern. Vor allem in den ersten sechs Lebensjahren binden sich Kinder über Sicherheit, Nähe und Kontakt. Die wachsende Bindung drückt sich je nach Alter über unterschiedliche Aspekte im Familienalltag aus:

» Im ersten Lebensjahr – über Körperkontakt (Tragen, Wiegen, Kuscheln, Streicheln)

» Im zweiten Lebensjahr – über Gleichheit (so sein wollen wie Papa oder Mama, Imitationen)

» Im dritten Lebensjahr – über Zugehörigkeit und Loyalität (»meine« Mama, »unsere« Rutsche)

» Im vierten Lebensjahr – über Wertschätzung und Anerkennung (»Mama, guck mal!«)

» Im fünften Lebensjahr – über Liebe (Liebeserklärungen und kleine Gesten der Kinder)

» Im sechsten Lebensjahr – über Vertrautheit (alle Erlebnisse teilen wollen, keine Geheimnisse)

Verschiedene Elemente in unserem Miteinander können auf unterschiedlichen emotionalen und körperlichen Ebenen die Bindung herstellen beziehungsweise im Alltag stärken. Wichtig sind hierfür:

» Blickkontakt mit dem Kind aufnehmen (ich sehe dich),

» Feinfühligkeit im Umgang entwickeln (Achtsamkeit leben),

» Geborgenheit vermitteln (Vertrauen vertiefen),

» bei Schmerz oder Frustration Trost spenden (Sicherheit geben),

» Wort und Stimme achtsam einsetzen (warme Atmosphäre),

» gemeinsame Erfahrungen (auch Sinneserfahrungen) im Alltag schaffen – miteinander lachen und Dinge erleben bringt Vertrauen und Geborgenheit (siehe auch Seite 184–186).

» BINDUNG IST NICHT EINFACH ABGESCHLOSSEN, SONDERN WIRD ÜBER VIELE JAHRE JEDEN TAG GELEBT UND GEFESTIGT. «

Auf den folgenden Seiten werden wir uns näher damit beschäftigen, wie wir konkret mit unseren Kindern auf der Gefühlsebene gut umgehen können und wie wir dabei feinfühlig auf die kindliche Trennungsangst beim Schlafengehen sowie auf kindliche Aggression und sogenanntes »Trotzverhalten« von Kindern sinnvoll reagieren können.

AUF DIE GEFÜHLE
KOMMT ES AN

Alle Gefühle – auch vermeintlich negative – haben eine große Bedeutung für uns. Sie wirken sich auf das gesamte Leben aus und sind der Motor unseres Denkens und Handelns. Die emotionale Entwicklung ist eng an die kognitive, soziale und sprachliche Entwicklung des Kindes gekoppelt. Deshalb ist es auch ganz wesentlich, die emotionale Entwicklung von Geburt an zu berücksichtigen und das Kind in allen Entwicklungsschritten achtsam zu unterstützen. Und keine Angst, Sie verwöhnen Ihr Kind nicht, wenn Sie auf seine Gefühle eingehen!

Was sind eigentlich Gefühle?

Gefühle fühlt man. Doch was heißt das genau? Ein Gefühl oder eine Emotion setzt sich aus unterschiedlichen Aspekten zusammen:

1. dem subjektiv gefühlten Gefühl,
2. dem Anlass, der es auslöst,
3. der eigenen Bewertung des Erlebten und
4. einer körperlichen Reaktion.

Wenn wir etwa Ärger empfinden, fühlen wir uns nicht gut (subjektiv gefühltes Gefühl), weil vielleicht etwas nicht so läuft, wie wir es uns vorstellen, etwa: das Auto springt nicht an (Anlass), was wir als furchtbar erleben (Bewertung des Erlebten). Dies zeigt sich dann in einer körperlichen Reaktion, wir hauen zum Beispiel auf das Lenkrad, der Puls schlägt schneller und der Blutdruck steigt an.

Unseren Gefühlen liegen immer wichtige (Grund-)Bedürfnisse zugrunde, denen wir Beachtung schenken sollten. Und nur wenn Menschen ihre Bedürfnisse und Gefühle kennenlernen dürfen, können sie sich später selbst regulieren und gut für sich sorgen.

Das sensible Thema Schlaf

Gerade beim Thema Schlaf, wo es viel um emotionale Nähe und grundlegende, existenzielle Bedürfnisse der Kinder geht, sind Eltern besonders unsicher, denn sie werden häufig von Ratgebern »gewarnt«, die ihnen weismachen: Wenn sie Kinder nicht alleine schlafen lassen, wenn sie den Bedürfnissen der Kinder hier »nachgeben«, würden sie ihre Kinder verwöhnen! Das ist nicht wahr und doch verunsichert es Eltern oft so sehr, dass sie häufig ihre eigene gute Intuition verlieren.

*E*ine Mutter kommt zur Beratung und berichtet von den Einschlafproblemen ihrer drei Jahre alten Tochter. Sie habe in den vergangenen Monaten schon alles probiert, damit ihre Tochter endlich alleine schläft, und sie sei am Ende ihrer Kräfte. Dabei habe sie sich genau an die Anweisungen gehalten, die sie erhalten habe, und einen Plan aufgestellt, in welchem Rhythmus und in welchen Zeitabständen sie ins Zimmer ihrer Tochter gegangen sei. Es falle ihr schwer, den Plan einzuhalten. Sie könne Luise nicht weinen hören und habe dann immer wieder den Impuls, hineinzugehen und sie zu beruhigen.

Luises Mutter befolgt also Handlungsanweisungen und unterdrückt aus einer Unsicherheit heraus ihren eigenen Impuls, nämlich den, ihrem Kind Wärme, Schutz und Geborgenheit geben zu wollen. Ihr eigenes Empfinden stellt für sie aber eigentlich eine ganz wichtige Navigationshilfe im Kontakt zu ihrer Tochter dar.

» MEIN KIND TRENNT SICH NICHT GERNE VON MIR. ICH GEBE IHM SICHERHEIT UND GEBORGENHEIT. «

Was aber passiert, ist: Sie vertraut sich selbst, ihrer Beobachtungsgabe und ihrem Einfühlungsvermögen nicht (mehr), übergeht ihre mütterliche Intuition und verliert damit auch wichtige Handlungsalternativen (Wiegen, Streicheln, Trösten) sowie ihr ureigenes (gutes) Gefühl. Sie lässt sich verunsichern und verlässt sich lieber auf eine Methode.

*A*uch stehe Luise immer wieder aus ihrem Bettchen auf, weine laut und strecke ihr die Arme entgegen. Sie habe dann etwas anderes empfohlen bekommen, die »Tür-auf-Tür-zu-Methode«. In dem Ratgeber »Jedes Kind kann schlafen lernen« von Annette Kast-Zahn sei eine Art Spielregel beschrieben worden: Sie als Mutter solle die Tür immer sofort wieder schließen, sobald das Kind aus dem Bettchen komme und die Nähe zu ihr suche – so lange beziehungsweise so oft, bis das Kind schließlich liegen bleibe und eingeschlafen sei. Auch hierbei habe sie große »Bauchschmerzen« gehabt. Luise habe geweint, sich regelrecht eingeschrien und offensichtlich Angst gehabt.

Wir sollten wissen, was wir tun, wenn wir solche (»Erziehungs-«)Methoden anwenden: Sie sind rein auf das Verhalten des Kindes ausgerichtet und berücksichtigen nicht seine emotionalen Bedürfnisse nach Wärme, Schutz und Geborgenheit. Das Kind ist so gezwungen, mit Gefühlen wie Angst, Unsicherheit und Einsamkeit allein umzugehen. Die Botschaften an das Kind sind: Meine Bedürfnisse (nach Liebe und Nähe zu meinen Eltern) sind falsch. Ich muss alleine mit meiner Angst klarkommen. Keiner sorgt für mich, ich bin alleine auf mich gestellt. Das jedoch ist ungesund für Kinder – sie sind damit überfordert. Denn die Angst verliert sich erst im Lauf der Zeit, wenn eine einfühlsame Bezugsperson konstant emotional ansprechbar ist.

Schlaflernprogramme sind aus entwicklungspsychologischer Sicht kontraproduktiv, weil sie Kindern ihre emotionalen Bedürfnisse »abtrainieren«. Kinder sind so gezwungen, ihre Gefühle zu unterdrücken. Diese Programme versetzen Kinder in Todesangst und bieten keine Möglichkeit, Sicherheit zu erfahren und so eigene innere gute Strategien zur Überwindung und Verarbeitung der Ängste zu entwickeln. Das ist nur möglich, wenn Eltern achtsam und feinfühlig auf die Gefühle und Bedürfnisse eingehen und ihren Kindern Sicherheit vermitteln. Die Voraussetzungen für eine sichere Atmosphäre sind jedoch bei Schlaflernprogrammen und Methoden, wie Luises Mutter sie anzuwenden versuchte, nicht gegeben. Es entsteht überflüssiger Stress für das Mädchen, das Einschlafen wird erschwert und die Beziehung zwischen Luise und ihrer Mutter wird belastet.

Der Schlaf von Kindern

Gerade beim Thema Schlafen ist es sehr wichtig, dass wir die (Ur-) Gefühle von Kindern berücksichtigen und Kinder diese nicht unterdrücken und selbst regulieren müssen. Warum? Kinder sind keine selbstständigen Schläfer von Anfang an. Das, was vielen Eltern nachts den letzten Nerv raubt und für uns erst mal nicht nachvollziehbar erscheint – die Unruhe, das Weinen und das ausgeprägte Schutzbedürfnis der Kleinen –, ist aus evolutionsbiologischer Sicht äußerst sinnvoll. Denn ohne den Schutz eines Erwachsenen einzuschlafen, hätte in der menschlichen Frühzeit den sicheren Tod bedeutet. Kinder wären von wilden Tieren, Bären oder Hyänen verschleppt und gefressen worden. So hat die Natur ein evolutionsbiologisches Programm, ein inneres Alarmsystem tief in Kindern installiert, welches ihnen das Überleben sicherte.

Dieses Programm ist auch heute noch aktiv und wird ausgelöst, sobald das Kind sich alleine und schutzlos fühlt, es ihm an Orientierung und Sicherheit fehlt, ihm kalt wird und es Hunger verspürt. Das bedeutet: Selbstständiges Einschlafen muss erst gelernt werden. Voraussetzung dafür ist, dass das Kind sich entspannen kann. Wenn Kinder Angst haben, entsteht Stress, und so wird das Einschlafen unmöglich. Kinder erleben beim Zubettgehen eine Trennungssituation. Allein das kann schon Ängste hervorrufen und führt häufig zu Verunsicherung und somit zu Stress bei Kindern. Um einschlafen zu können, müssen Kinder sich also warm, satt, geschützt, geborgen und frei von Angst fühlen. Ist diese Atmosphäre nicht gegeben, so wird der Schlaf sicher verhindert.

Alles braucht seine Zeit. Ein Kind muss erst die immer wiederkehrende Erfahrung machen, dass es nicht alleine ist und die Eltern es nicht alleine lassen. Das gelingt jedoch nicht über kognitive Erklärungen (»Wir sind doch da!«). Vielmehr muss das NERVENSYSTEM dies immer wieder psychisch und physisch tatsächlich erfahren (durch Körper- und Blickkontakt, eine beruhigende Stimme). Erst dann wird sich die

Erfahrung nachhaltig verankern und das Kind eine innere Gewissheit erlangen. Mit der Zeit lernt es dann, jederzeit sicher darauf zurückzugreifen. Doch dauert dieser Prozess oft Jahre.

Manchmal kann es auch bei älteren Kindern, die schon selbstständige Schläfer waren, wieder dazu kommen, dass sie nachts mehr Nähe und Schutz bei den Eltern suchen. Häufig sind solche Verunsicherungen der Kinder auf Ereignisse wie Kita- oder Schuleintritt beziehungsweise -wechsel oder auch familiäre Veränderungen wie die Ankunft eines Geschwisterkindes (siehe dazu Seite 134) zurückzuführen. Alle Menschen, ob groß oder klein, verarbeiten nachts im Schlaf, was sie tagsüber im Wachzustand erleben. Deshalb ist es sinnvoll, immer auch die Gesamtsituation im Blick zu haben und nicht nur isoliert auf das Einschlafen des Kindes zu schauen.

Achtsame Kommunikation und ihre positiven Folgen

Kinder brauchen ganz besonders am Anfang ihres Lebens viel Kontakt, viel Berührung und eine feinfühlige Kommunikation – das heißt, sie brauchen eine Bezugs- und Bindungsperson, die sich wirklich auf sie einstimmt, sich einfühlt und mit dem ganzen Körper, der Mimik, mit den Augen und der Stimmlage, ja mit dem ganzen Sein kommuniziert. Eine solche Kommunikation kommt beim Kind an, kann es (im positiven Sinn) erregen, anregen und auch wieder beruhigen.

Auch wenn Kinder keine Säuglinge mehr sind, sondern zu Kleinkindern werden, in die Kita oder die Schule kommen, ist diese Form der achtsamen Kommunikation enorm wichtig. Denn nur so kann sich das gesamte Nervensystem von Kindern gut entwickeln und sie können emotional wachsen. Wenn wir also die emotionalen Bedürfnisse von Kindern befriedigen und ihre Gefühle ernst nehmen, entsteht eine sichere Bindung (siehe Seite 46), die psychischen Belastungen vorbeugt. Kinder können dann später im Leben:

» sich schnell selbst beruhigen,
» eine hohe Konzentrationsfähigkeit entwickeln,
» eigene Bedürfnisse zugunsten anderer auch mal zurückstellen,
» eine gute Frustrationstoleranz aufbauen,
» Glück erleben,

» eine hohe Stressresistenz entwickeln,
» eine starke Beziehungsfähigkeit leben,
» Momente bewusst wahrnehmen und Genuss erleben,
» angstfrei und mit großer Zuversicht durch das Leben gehen,
» Empathie empfinden,
» starkes Selbstverständnis und Selbstbewusstsein entwickeln.

All diese Fähigkeiten sind enorm wichtig, um ein gesundes und erfülltes Leben zu führen.

Das können Sie konkret tun

Im Zusammenhang mit der Zubettgehsituation und dem Einschlafen können Sie als Eltern einiges tun, um Ihr Kind bei seiner gesunden emotionalen Entwicklung zu unterstützen:

» Beachten Sie den INDIVIDUELLEN SCHLAFBEDARF Ihres Kindes, denn Kinder sind auch in dieser Beziehung sehr unterschiedlich – das eine braucht mehr Schlaf, das andere weniger.
» Seien Sie als VERTRAUTE BEZUGSPERSON immer ansprechbar.
» Wichtig für Kleinkinder: Schlaf hängt vom biologischen Rhythmus ab, der sich gut durch einen REGELMÄSSIGEN TAGESABLAUF und eine VERLÄSSLICHE ROUTINE herausbilden kann. Wiederkehrende gemeinsame RITUALE geben Sicherheit und helfen, zur Ruhe zu kommen.
» Schaffen Sie eine RUHIGE ATMOSPHÄRE, also kein Lärm, ruhiges Reden, ruhige Bewegungen.
» Nehmen Sie sich ZEIT zum VERABSCHIEDEN! Schlaf bedeutet auch Loslassen mit Abschiedsschmerz und Trennung.
» Bleiben Sie in RÄUMLICHER NÄHE zum Kind, damit Sie immer auf seine Bedürfnisse reagieren können.
» Lassen Sie NIEMALS Ihr Kind ALLEIN, wenn es schreit! Eine solche Erfahrung kann die Bindung zu Ihrem Kind negativ beeinflussen.

Lassen Sie sich nicht einreden, Sie würden Ihr Kind »verwöhnen«, wenn Sie es beruhigen. Das geht gar nicht! Verwöhnen kann man nur jemanden, der selbst für sich sorgen kann. Ihr Baby kann das aber nicht – weder körperlich noch emotional. Es ist auf Sie und Ihre Feinfühligkeit angewiesen und kann sich nur über Schreien ausdrücken.

Versuchen Sie nicht, Kinder zum Schlafen zu überreden, indem Sie argumentieren: »Es ist dunkel und Kinder müssen jetzt schlafen – alle Kinder schlafen doch jetzt!« Oder: »Es ist doch jetzt schon so spät!« Gute Sätze für Kinder können sein:

» »Morgen ist auch noch ein Tag – dann sehen wir uns wieder.«
» »Ich brauche jetzt eine Pause, damit ich morgen wieder fröhlich und gut für dich da sein kann.«

So fühlen Kinder sich nicht überredet und »abgeschoben«, sondern hören, dass Eltern trotz der räumlichen Trennung für sie da sind und auch ihre eigenen Bedürfnisse formulieren. Das gibt Sicherheit.

»Trotzphase?« – Autonomie ist das Zauberwort!

Wenn Kinder Laufen und Sprechen lernen, werden die Bedürfnisse nach Autonomie und Selbstständigkeit sowie der Drang, selbst Dinge zu bewirken, stärker. Das heißt, es beginnt ein neuer Lebensabschnitt: Kinder werden körperlich aktiver, können sich unabhängiger von ihren Eltern bewegen und so auch ihre Umwelt mehr und mehr selbstständig erkunden. In dieser Zeit beginnt eine tiefgreifende emotionale Entwicklung der Kinder.

Wann diese Phase beginnt, ist individuell unterschiedlich. Häufig erstreckt sie sich von Anfang/Mitte des zweiten Lebensjahres bis circa zum vierten Lebensjahr. Sie kann aber auch länger andauern. Diese Phase oder Entwicklungsstufe wird heute oft noch fälschlicherweise als »Trotzphase« bezeichnet. Jedoch nicht der Trotz und der Widerstand sind kennzeichnend, sondern die Ablösung und das Selbstständig-werden-Wollen des Kindes, weshalb die Bezeichnung AUTONOMIEPHASE zutreffend ist. Sie ist ein wichtiger Entwicklungsschritt und Bestandteil der Persönlichkeitsentwicklung.

Wer ist hier eigentlich trotzig?

Wenn ein Kind »Ich will es selber machen!« ruft, seiner Mutter die Strumpfhose aus der Hand reißt und sie dann verkehrt herum anzieht, zeigt es damit vor allem seinen unbedingten Willen zu mehr Eigenständigkeit. Meist bleibt im Alltag wenig Zeit und Verständnis dafür. Und oft zeigen dann Erwachsene eine Art »Trotzreaktion« in Form von

Belehrung à la: »Du musst es so oder so machen … siehst du, ich hab' s dir doch gesagt!« Was dann passiert: Das Kind begegnet dem Trotz der Eltern mit Verweigerung. Eltern empfinden sich natürlich selbst nicht als trotzig. Sie wollen ja nur das Kind unterstützen, damit es schnell angezogen und rechtzeitig im Kindergarten ist. Damit übersehen Erwachsene, dass Kinder hier ein gesundes Bedürfnis nach Unabhängigkeit und Autonomie zeigen. Dieses kann nur befriedigt werden, wenn sie eigene, individuelle Erfahrungen machen dürfen. Eigenständigkeit lässt sich letztlich nur in einem persönlichen Lern- und vielfältigen Erfahrungsprozess erreichen.

Diese Phase ist also dadurch gekennzeichnet, dass das Kind auf unterschiedlichen Ebenen (motorisch, sprachlich und auch emotional) immer stärker nach Autonomie strebt und insgesamt versucht, sich aus der Verschmelzung mit den Eltern (vor allem der Mutter) zu lösen.

> **» ENTSCHEIDEND IST, DASS KINDER IHRE ERFAHRUNGEN SELBST MACHEN DÜRFEN – NICHT ALLEINE, ABER SELBST. DAFÜR BRAUCHEN SIE ZEIT UND EINE GEDULDIGE BEGLEITUNG. «**

Die wichtige Erfahrung der Selbstwirksamkeit

Kinder wollen in der Autonomiephase immer mehr selbstständig probieren: sich selbst anziehen, entscheiden, was sie anziehen, entscheiden, dass sie genau jetzt ein Eis essen wollen. Sie entwickeln in dieser Phase einen eigenen Willen und nehmen sich als diejenigen wahr, die eigenständig Handlungsziele definieren können. Für das Kind sind das Meilensteine in seiner Ich-Entwicklung. Denn es macht dabei die wichtige Erfahrung: Ich kann etwas BEWIRKEN. Ich bin Verursacher von Situationen. Das Kind beginnt, autonom zu werden.

Diese Selbstwirksamkeitserfahrung erleben wir Eltern oft als Widerstand, weil das Kind genau das Gegenteil von dem macht, was wir von ihm erwarten. Aber genau in dieser »Verweigerung« liegt die (neue) Autonomie des Kindes. Zum Beispiel: Ich ziehe mich morgens nicht an oder ich komme nicht zum Essen und halte den Ablauf des Tages somit auf! Mein Einwirken hat Einfluss auf alle anderen! Eine wichtige Erfahrung für die Kinder und eine oft anstrengende Zeit für Eltern.

Was hinter dem sogenannten »Trotz« steckt

Heute weiß man, dass Kinder in der Autonomiephase vor allem deshalb in Widerstand gehen und »trotzen«, weil sie noch starr auf ein bestimmtes Ziel fixiert sind. Sie können noch nicht spontan umplanen, sich schnell auf etwas anderes einlassen und anders handeln, als sie ursprünglich vorgehabt haben. Sie müssen das erst lernen und stehen in dieser Entwicklung ganz am Anfang. Das bedeutet: Funkt ihnen ein Erwachsener dazwischen, indem er eine bestimmte Handlungsabsicht unterbricht oder das Ziel umdefiniert (»Ich ziehe dir die Strumpfhose an, wir müssen uns beeilen!«), so weiß das Kind in diesem Moment nicht mehr ein noch aus. Es ist völlig überfordert und erleidet in diesem Moment eine Art inneren »Systemzusammenbruch«. Es ist nicht mehr in der Lage, die Situation zu überblicken oder zu kontrollieren und gerät darum völlig aus den Fugen. Das Kind ist in dieser Phase noch zu starr auf das Ziel seiner Handlungsabsicht fixiert, als dass es eine – auch noch so attraktive Alternative – akzeptieren könnte. Entsprechend ist auch sein Nein in dieser Zeit eine Verweigerung, die noch ohne Alternativlösung ist. Das ist dann das, was dem Kind von uns Erwachsenen als »Bockigkeit« oder »Trotz« ausgelegt wird.

Was Kinder in diesem Alter noch nicht können – was sich in dieser Phase jedoch entwickelt: Handlungsziele wieder zu verwerfen oder zu verändern, zum Beispiel weil die Eltern gerade jetzt kein Eis kaufen wollen oder weil es doch noch nicht so recht gelingen mag, die Strumpfhose alleine anzuziehen.

Emotionale Erfahrungen ermöglichen

Da Kinder in diesem Alter ihren Bedürfnissen zumeist sprachlich noch nicht differenziert Ausdruck verleihen können und es für sie eine große FRUSTRATION und eine emotionale ÜBERFORDERUNG darstellt, wenn sie ihr Ziel nicht erreichen, können sie diesen Gefühlszuständen zunächst nur mit Weinen, Schreien und Sich-auf-den-

Boden-Werfen begegnen. Sie zeigen also jene Reaktionen, die wir Erwachsenen als »Trotzverhalten« wahrnehmen.

Wir können uns das an einem typischen Beispiel verdeutlichen: Das Kind will ein Eis! Wird es dann bei der Umsetzung seines Vorhabens (Kind marschiert in die Eisdiele) gebremst oder unterbrochen, so erlebt das Kind eine für es selbst in diesem Moment nicht vorhersehbare Veränderung. Indem die Eltern sagen: »Nein, es gibt jetzt kein Eis!«, wird es auf eine (altersgemäße) Starrheit zurückgeworfen. Es kann (noch) nicht anders, weil es für solche Situationen (noch) keine Handlungsalternativen (entwickelt) hat. So passiert Folgendes: Das Kind wird sehr schnell von Wut und Ärger gepackt und von diesen Gefühlen in bisher unbekannter VEHEMENZ komplett überflutet und letztlich überwältigt. Es ist emotional total überfordert. Aus dieser Überforderung heraus gerät das Kind nun in einen merkwürdigen Zustand und fällt in eine innere Starre: Es ist handlungsunfähig. Es kommt zu einem »emotionalen Kurzschluss«. Man könnte auch sagen: Das Kind sieht »rot«. Totale Überforderung! ERROR! Nix geht mehr. Man kann das durchaus mit einer Form von Nervenzusammenbruch vergleichen.

» DAS KIND BRAUCHT IN DER AUTONOMIEPHASE BESONDERE EMOTIONALE UNTERSTÜTZUNG! «

Wie aber können wir unsere Kinder in ihrer Autonomieentwicklung achtsam begleiten und unterstützen, damit sie viel ausprobieren, vielfältige Erfahrungen machen und neue Alternativen für das eigene Handeln entwickeln können, ohne ständig überfordert zu sein?

Sophia (vier Jahre) gerät immer wieder mit ihrer Mutter morgens beim Anziehen in Streit. »Was willst du denn heute anziehen?«, fragt die Mutter. »Schau mal, wir können diese Hose nehmen und das rosa Oberteil oder das hier mit dem Pony drauf oder lieber den Pulli?« Sophia steht vor dem Schrank und schaut unentschlossen. »Oder ein Kleid?«, fragt die Mutter in der Hoffnung, dass Sophia sich nun ent-

scheidet. »Nein, ich weiß nicht … das hier vielleicht«, sagt Sophia und zieht ein Top aus dem Stapel ganz unten heraus, sodass die T-Shirts aus dem Schrank fallen. »Sei doch vorsichtig!«, ruft ihre Mutter ungeduldig. »Nein, das können wir nicht anziehen, Sophia«, sagt sie dann, »es ist draußen viel zu kalt für das Top.« – »Oh, ich will aber«, ruft Sophia und verschränkt entschlossen die Arme vor der Brust. Ihre Mutter seufzt und sagt dann schließlich: »Dann ziehen wir jetzt das mit dem Pony an, ja?!« – »Nein!«, schreit Sophia. »Das will ich nicht, ich will das hier«, sie hält das Top hoch. »Nein«, sagt die Mutter, »Schluss jetzt mit dem Theater, jetzt wird das Oberteil mit dem Pony angezogen!« Sophia beginnt zu schreien und schmeißt sich vor den offenen Kleiderschrank.

Wie können Eltern solche zermürbenden Machtkämpfe vermeiden? Sophias Mutter probiert es nun anders:

S ie hat der Jahreszeit angemessene Kleidung schon am Abend rausgesucht und zwei verschiedene Varianten auf den kleinen Stuhl neben dem Bett gelegt. »Nein«, schreit Sophia, »ich will das nicht anziehen!« »Das haben wir zur Auswahl. Was möchtest du?« Sophia schaut unentschlossen und grimmig auf die Kleiderauswahl. »Such dir was aus, und wenn du beim Anziehen Hilfe brauchst, kannst du mich gerne rufen«, sagt die Mutter freundlich und verlässt das Zimmer. »Ich nehm' das mit dem Pony drauf, Mama«, ruft Sophia nach einigen Minuten über den Flur. »Wie schön, dann komm gleich zum Frühstück, wenn du fertig bist, ich warte auf dich«, antwortet ihre Mutter.

Sophia möchte sich selbst entscheiden. Wenn ihre Mutter bestimmt, was sie anziehen soll, wird die Vierjährige in ihrem Bedürfnis nach Autonomie unnötig beschnitten. Ihre Mutter eröffnet außerdem so einen Machtkampf, der niemandem weiterhilft. Stellt ihre Mutter ihr den gesamten Inhalt des Kleiderschranks zur Auswahl, ist Sophia damit überfordert. Die Mutter kann aber zwei verschiedene Kleidungsvarianten im Voraus heraussuchen und dann ihre Tochter selbst entscheiden lassen. Sophia hat damit einen ihrem Alter angemessenen RAUM FÜR EINE EIGENE ENTSCHEIDUNG zur Verfügung.

Für eine gute Begleitung der Kinder in der Autonomiephase ist es also wesentlich, dass wir einerseits ihr vehementes Streben nach mehr Unabhängigkeit ernst nehmen und andererseits vielfältige kindgerechte Möglichkeiten für eigene Erfahrungen schaffen.

» KINDER BRAUCHEN EINEN IHNEN ANGEMESSENEN RAHMEN, IN DEM SIE SICH SELBST AUSPROBIEREN KÖNNEN. «

Dennoch – die Autonomiephase ist und bleibt die Phase der heftigen Gefühlsausbrüche, genauer gesagt, des Wutanfalls: Das Kind gerät häufig in eine tiefe innere Not, die sich meistens durch lautes Weinen und Schreien äußert. In dieser Situation ist das Kind wie gefangen und hilflos allem ausgeliefert. Es wirkt jetzt wie von der Außenwelt abgeschirmt. Fast, als wäre es auf einem anderen Planeten. Es ist nicht mehr in der Lage, die Situation zu überblicken oder zu kontrollieren. Es kann sich in dem Moment daraus aus eigener Kraft nicht befreien.

Aber damit nicht genug. Es entsteht ein völliges Gefühlschaos. Gefühle wie: Hilflosigkeit, Ärger, Wut und Unverständnis. Das Kind wird von diesen unbekannten Gefühlen regelrecht überfallen und zwischen Ärger und Unverständnis bleibt ihm nur eins: Der Widerstand und das Nein als letzte Möglichkeit, sich überhaupt zu artikulieren. Es zeigt ein Verhalten, das aus einer inneren Überforderung heraus resultiert. Wichtig für Sie als Eltern ist zu wissen: Das Kind macht jetzt wesentliche Entwicklungsschritte auf der emotionalen Ebene und lernt seine Gefühle kennen – das ist neu, weshalb das Kind Unterstützung von uns Erwachsenen braucht (siehe Seite 72–80).

Unter diesem Aspekt ist auch das Verhalten von Daniel (siehe Seite 54) zu sehen. Er fällt zwar damit in seiner Kitagruppe auf, macht jedoch vor allem ganz wichtige Erfahrungen mit starken Emotionen. Er streitet sich, ist wütend, zeigt seine Aggression. Für seine emotionale Entwicklung ist das wichtig, denn nur so lernen Kinder Gefühle überhaupt erst kennen. Und das ist eine wichtige Voraussetzung dafür, dass sie mit der Zeit auch konstruktiv mit Gefühlen umgehen können.

DIE EMOTIONALE ENTWICKLUNG ACHTSAM BEGLEITEN

Eltern neigen häufig dazu, das Handeln des Kindes als Angriff zu verstehen und persönlich zu nehmen. Dabei ist in der Regel nichts, was Kinder tun, gegen uns Erwachsene gerichtet (mehr dazu in Kapitel 7). Wenn wir diesem Trugschluss unterliegen, beginnt ein (Macht-)Kampf zwischen Eltern und Kind, der im Ergebnis nicht das mit sich bringt, was das Kind eigentlich braucht. Es geht für Kinder in diesen Momenten letztendlich darum, (mit unserer Begleitung) wichtige Erfahrungen mit sich selbst und ihren Emotionen zu machen: Sie lernen so, mit Krisen und Frustrationen umzugehen und sprachliche Ausdrucksmittel für ihr inneres Erleben zu erlangen.

Die Autonomiephase ist somit eng an die Sprachentwicklung des Kindes gekoppelt und Eltern können der Überforderung ihres Kindes begegnen, indem sie sowohl die Gefühle des Kindes als auch ihre eigenen benennen. Hierdurch lernt das Kind, seinen Gefühlen immer differenzierter Ausdruck zu verleihen und die als Trotz wahrgenommenen Überforderungssituationen nehmen ab. Das von uns als schwierig und widerständig empfundene Verhalten mildert sich also mit zunehmender SPRACH- UND HANDLUNGSKOMPETENZ ab – es sei denn, es wird durch ungünstige Erziehungs- oder besser Beziehungserfahrungen (etwa strafende Konsequenzen wie im Beispiel von Daniel, siehe Seite 54) verfestigt.

Strafen helfen dem Kind nicht. Sie sind sogar schädlich für die Entwicklung. Das »Trotzverhalten« kann sich verstärken und die Machtkämpfe nehmen zu. Auch ziehen sich manche Kinder zurück, verschließen sich. Sie fallen dann zwar weniger auf, in ihrer emotionalen Entwicklung jedoch werden sie gehemmt, weil sie keine Verbindung zu ihren Gefühlen erlangen und so keine angemessenen Strategien für den Umgang mit ihnen entwickeln können. In beiden Fällen sinkt außerdem die Kooperationsbereitschaft (siehe Kapitel 7).

Gefühle entwickeln sich – das braucht Zeit

Langjährige Entwicklungsforschung hat gezeigt und auch Praxis-erfahrungen aus der Therapie haben ergeben, wie wesentlich es für uns Menschen ist, dass wir einen Zugang zu unseren Emotionen entwickeln. Dabei geht es nicht nur um die positiven Gefühle wie Freude, Begeisterung und die Fähigkeit, Glück zu empfinden. Es geht darum, die gesamte Gefühlspalette kennenzulernen. Wir brauchen also auch Erfahrungen mit den sogenannten negativen Gefühlen: Trauer, Enttäuschung, Schmerz, Wut, Aggression. Es ist wichtig, dass wir sie erkennen und unser inneres Erleben verbalisieren, also über Gefühle sprechen können.

Es gibt auch nicht nur eine Angst oder die Aggression. Gefühle treten in vielen Abstufungen und Färbungen auf. Unsere Gefühlswelt ist komplex und jedes Gefühl hat verschiedene Facetten. Es gilt, alle Emotionen im Laufe der Zeit kennenzulernen, Erfahrungen im Umgang mit ihnen zu sammeln, angemessene Ausdrucksmöglichkeiten dafür zu finden und sie letztendlich sämtlich so auch in unsere Persönlichkeit zu integrieren. Dieser Prozess beansprucht rund 16 bis 17 Jahre – dauert also bis zur Pubertät (manchmal sogar noch länger) – und gehört zur normalen seelisch-emotionalen Entwicklung von Kindern dazu.

Wie also können Sie Ihr Kind nun liebevoll und wertschätzend begleiten und gut mit dem Verhalten des Kindes umgehen? Wir wissen ja jetzt, dass das Kind in dieser Zeit seine Gefühle erst kennenlernt, sie noch nicht benennen kann und vor allem deshalb überfordert ist.
Um den Umgang mit Gefühlen zu lernen, sind fünf Schritte in der emotionalen Entwicklung von Kindern wesentlich:
1. Gefühle wahrnehmen
2. Gefühle erkennen
3. Gefühle benennen
4. Gefühle kontrollieren (und regulieren)
5. Gefühle selbst beeinflussen

Ziel der emotionalen Entwicklung ist es, dass Kinder zunächst Zugang zu ihren Gefühlen bekommen. So können sie langfristig dann ihre Emotionen regulieren und einen guten und konstruktiven Umgang damit finden. Langfristig gesehen heißt das, dass sie mit Wut zum Beispiel so umgehen können, dass niemand verletzt – weder sie selbst noch andere Menschen – und nichts beschädigt wird. Auch können sie später dann ganz bewusst einen Ärger beiseitestellen. Hierbei ist es wesentlich, dass Kinder Verknüpfungen zwischen ihren Gefühlen und den jeweils darunter liegenden Bedürfnissen herstellen können. Nur, wenn das gelingt, können sie Gefühle regulieren und beeinflussen. Ein weiteres Ziel ist, dass Kinder mit der Zeit auch die Gefühle anderer erkennen und verstehen und dass sie lernen, Gefühle zuzulassen.

Auch wir Erwachsene haben häufig keinen guten Zugang zu den eigenen Gefühlen. Deshalb geraten Eltern auch – gerade wenn die Kinder mit dieser grundlegenden Entwicklung voranschreiten – an ihre Grenzen. Die Entwicklung des Kindes ist für die Eltern dann eine große Chance, selbst noch einmal einen anderen, besseren Zugang zu den eigenen Gefühlen zu bekommen.

Für die achtsame Begleitung der emotionalen Entwicklung Ihres Kindes in der Autonomiephase ist wichtig, dass Sie

» nicht das Verhalten des Kindes im Vordergrund sehen, sondern die Gefühle spiegeln, das heißt, dass Sie sie benennen und Worte für das finden, was das Kind (noch) nicht ausdrücken kann,

» Verständnis für das Gefühl, welches beim Kind spürbar wird, entwickeln und nicht das kindliche Verhalten sanktionieren, bewerten oder versuchen, es mit Macht »abzustellen«,

» authentisch und einfühlsam in der Beziehung zum Kind bleiben und das Kind nicht mit dem Gefühl alleine lassen.

» WESENTLICH IST, DASS WIR GEFÜHLE NICHT NEGIEREN UND UNTERDRÜCKEN, SONDERN SIE BEIM NAMEN NENNEN UND GEMEINSAM MIT DEM KIND DURCHLEBEN UND AUSHALTEN. «

Gefühle ansprechen und mitfühlen

Nehmen wir noch einmal das Beispiel von Seite 69: Stellen Sie sich vor, Sie kommen mit Ihrem Kind an einer Eisdiele vorbei. Es besteht auf einem Eis. Sie wollen – aus welchem Grund auch immer – nicht. Das Kind kann innerlich noch nicht umplanen, wirft sich auf den Boden und wird von der Intensität der neuen Gefühle (Wut, Ärger, Unverständnis, Hilflosigkeit) überwältigt. Wie können Sie in so einer Situation gut reagieren? Zum Beispiel so:

»Ich kann sehen, dass du dich ÄRGERST, … dass du ENTTÄUSCHT bist, … VERZWEIFELT bist. Du bist TRAURIG, das merke ich.«

Das Kind lernt seine Gefühlswelt kennen

Hier wird das Gefühl des Kindes angesprochen! Das Kind bekommt so Informationen darüber, was in ihm vorgeht. Es erfährt im Kontakt zu Vater oder Mutter, wie wir das Gefühl nennen und wie wir das Gefühl sprachlich ausdrücken können. Dadurch lernt das Kind auch, sich in seiner Gefühlswelt zurechtzufinden und Emotionen selbst zu benennen. Es kann dann sagen: »Ich bin ärgerlich. Ich bin enttäuscht, verzweifelt, traurig.« Sobald es innere Vorgänge benennen und seine Gefühle artikulieren kann, werden die Ohnmacht und die Überflutung weniger und es kann innere Vorgänge besser sortieren und einordnen. Die emotionale Überforderung des Kindes lässt so mit jeder guten Erfahrung und Begleitung in diesem Sinne etwas nach und erlebte Gefühle können integriert werden.

GUTE EMOTIONALE BOTSCHAFTEN an das Kind in dieser Form der Begleitung sind:

» Ich sehe dich mit deinem Gefühl und nehme es wahr.
» Du bist gesehen und anerkannt mit deinem Gefühl.
» Ich nehme dich an mit deinem Gefühl, deiner Ohnmacht und deiner Hilflosigkeit.
» Du kannst dich auf mich verlassen, du bist damit nicht alleine.

Wenn wir auf der Verhaltens- oder Vernunftebene reagieren, etwa mit Sätzen wie: »Hör jetzt auf!«, »Stell dich nicht so an!«, »Das haben wir doch besprochen!«, »Reiß dich jetzt zusammen!«, »Ich hab dir doch erklärt …!«, bekommt das Kind zwar die Information, dass sein Verhalten nicht in Ordnung ist (das weiß es im Übrigen häufig schon!) und als »schlecht« bewertet wird. Mit dieser Information allerdings kann es nicht viel anfangen, da sein Verhalten von dem darunterliegenden Gefühl (Ärger, Wut, Unverständnis, Hilflosigkeit) gesteuert wird. So erhält das Kind folgende DESTRUKTIVE BOTSCHAFTEN: Ich lehne dich und dein Gefühl ab. Ich lasse dich mit deinem Gefühl alleine oder übertrete gar deine Grenze, wenn du dieses Gefühl zeigst!

Gefühle und Bedürfnisse brauchen Beachtung

Ziel einer achtsamen Begleitung ist nicht, das Kind zu beruhigen, damit es aufhört zu weinen oder nicht mehr wütend ist! Ziel ist, dass das Kind nicht alleine mit seinem Gefühl bleibt. Was wir verstehen müssen, ist: Das Kind kann nicht einfach sein Verhalten abstellen, wenn das Gefühl nicht beantwortet beziehungsweise das darunterliegende emotionale Bedürfnis (etwa mehr Eigenständigkeit) missachtet wird, das für sein Gefühl und damit auch sein Handeln verantwortlich ist. Das Bedürfnis braucht Beachtung und eine Antwort. Wenn Erwachsene nun aber ausschließlich auf das Verhalten von Kindern eingehen und die emotionale Ebene vernachlässigen, also den URSPRUNG des Verhaltens ignorieren, ist das Kind über kurz oder lang mit seinen Gefühlen alleine. Es wird dann nach und nach diese Ebene selbst vernachlässigen und das eigene Bedürfnis verdrängen. Es spaltet dann die emotionale Ebene mehr oder weniger ab. Kinder werden so in ihrer emotionalen Entwicklung gehemmt. Sie lernen nicht, dass Ärger auch berechtigt ist und wie er gesteuert und abgebaut werden kann. So müssen sie Wut und Enttäuschung unterdrücken und es fehlt ihnen die Erfahrung, wie eine mögliche Regulation, ein Durchleben und ein Abbau von sogenannten negativen Gefühlen später aussehen könnte.

Und noch etwas: Die nicht nach außen gedrungenen negativen Gefühle sind da! Sie verschwinden nicht einfach, sondern werden »abgespeichert«. Sie STAUEN sich regelrecht im kindlichen Nervensystem auf und kommen an anderer Stelle dann umso stärker wieder heraus. Das kann dazu führen, dass Kinder eine geringe Frustrationstoleranz entwickeln, schnell ungeduldig und unzufrieden sind oder plötzliche, sehr starke und für andere nicht nachvollziehbare Gefühlsausbrüche zeigen.

Verständnis für das Gefühl entwickeln

Das Wahrnehmen und Benennen von Gefühlen ist also wesentlich. Es geht jedoch auch darum, ein ehrliches Verständnis für das Gefühl des Kindes zu entwickeln und mit ihm mitzufühlen! Das heißt nicht, dass Sie mit dem Kind in der Sache, um die es geht, übereinstimmen müssen. Sie können aber Verständnis dafür aufbringen, dass das Kind traurig, wütend, enttäuscht oder frustriert ist, und ihm zeigen, dass Sie es mit seinen schwierigen Gefühlen nicht alleine lassen und es akzeptieren. »Ja, das ist aber auch DOOF, dass … Ich kann VERSTEHEN, dass … Oh, ja! SO WAS BLÖDES. Das geht mir manchmal auch so …«

Gefühle umfassend spiegeln

Wichtig ist, dass Sie das Gefühl des Kindes und Ihr Verständnis dafür nicht nur über die Worte, die Sie sprechen, verdeutlichen, sondern auch über Mimik, Gestik, Stimme und Tonfall – alles sollte das momentane Gefühl des Kindes authentisch widerspiegeln. Denn für das Kind ist es hilfreich, wenn Sie die Wut, den Ärger, die Enttäuschung ganzkörperlich mitfühlen und ausdrücken: Legen Sie also ruhig Empörung in die Stimme und hauen Sie mit der Faust auf den Boden. So spiegeln Sie das Gefühl und Ihr Kind lernt alternative Ausdrucksmöglichkeiten und ein Ventil für seinen Ärger kennen.

Auch starke Emotionen akzeptieren und gemeinsam aushalten

Das Kind erfährt im Kontakt zu Ihnen, dass Gefühle (auch sogenannte negative) zum Menschen dazu gehören und uns helfen, uns selbst besser zu verstehen. Es lernt auch, sich selbst und seine Emotionen anzunehmen und diese nicht zu unterdrücken oder zu negieren, wenn es immer wieder erfährt: Ich bin auch mit meinen Gefühlen angenommen und geliebt. Die emotionale Desorientierung und Verunsicherung des Kindes lässt so mit jeder guten Erfahrung und Begleitung in diesem Sinne etwas nach und auch starke Gefühle können im Laufe der Zeit integriert werden. Eltern brauchen hierbei Geduld und Verständnis für diese besondere Entwicklungsphase.

Wenn Sie also die emotionale Lage Ihres Kindes verstehen und nachvollziehen können, senden Sie wichtige Signale, die das Kind in seiner

Entwicklung unterstützen. GUTE EMOTIONALE BOTSCHAFTEN an das Kind in dieser Form der Begleitung sind:

» Ich sehe dich nicht nur in deinem Gefühl, sondern ich kann dich auch gut verstehen.
» Du bist gesehen und anerkannt in deiner Not und nicht alleine.
» Ich nehme dich ernst in deiner Verzweiflung und deiner Unsicherheit und bin bei dir und gebe dir Sicherheit.
» Du kannst dich auf mich verlassen, ich halte dich auch mit deinen starken Gefühlen aus.

Würden wir dagegen das Kind zurechtweisen und/oder ihm Sanktionen androhen, dann wären die DESTRUKTIVEN BOTSCHAFTEN ähnlich wie die auf Seite 76 aufgeführten. Hinzu käme noch: Wer so starke Gefühle hat, wird als Persönlichkeit nicht anerkannt. Mit deinen Gefühlen, weckst du negative Gefühle in mir. Ich kann dir in deinem Zustand nicht helfen und lasse dich allein.

> » ZIEL IST NICHT, DASS DAS KIND AUFHÖRT, DAS GEFÜHL ZU ZEIGEN! ZIEL IST, DASS DAS KIND SICH MIT SEINEM GEFÜHL VERSTANDEN UND ANERKANNT FÜHLT. «

Im einfühlsamen Kontakt zum Kind bleiben

Weiterhin geht es darum, dem Kind einen Kontakt anzubieten – eine Art unsichtbares Band, welches ihm Sicherheit gibt – und sich gleichzeitig authentisch zu positionieren, also seinen Standpunkt zu vertreten. Das könnte sich zum Beispiel so anhören:

»Es TUT MIR LEID, dass das jetzt so ist, … Wenn ich AN DEINER STELLE wäre, würde ich mich auch ärgern, … Wir halten das jetzt GEMEINSAM aus und … Weißt du was, ich finde es AUCH schade und doch habe ich es jetzt so entschieden.«

Ziel ist auch hier nicht, mit dem Kind einig zu sein, sondern mitfühlend Position zu beziehen. Sie dürfen als Eltern nicht erwarten, dass das Kind für Ihre Entscheidung Verständnis aufbringt. Im Gegenteil, Verständnis liegt vor allem auf Ihrer Seite: Sie als Bezugsperson gestehen dem Kind seine Gefühle bedingungslos zu, benennen diese, fühlen mit und fühlen sich ein und bleiben dabei authentisch. Deshalb ist es so wichtig, dass Erwachsene auch einen guten Zugang zu ihren eigenen Gefühlen haben. Ist das nicht der Fall, wird es vermehrt zu Konflikten kommen. Eltern fühlen sich dann häufig angegriffen und manövrieren sich schneller in einen Machtkampf hinein. Gut ist, wenn Sie als Erwachsene mitfühlen können, ohne dass Sie Ihre Entscheidung (»Es gibt jetzt kein Eis«) infrage stellen. Das Kind darf traurig sein, und Sie dürfen Ihrem Kind Bedauern über die Situation signalisieren und gleichzeitig zu Ihrer Entscheidung stehen.

Das Kind macht dann die Erfahrung, dass Vater oder Mutter es klar und wertschätzend begleiten. Es erhält ORIENTIERUNG, weil die Eltern sich selbst sicher und darüber im Klaren sind, was sie wollen und was nicht. Das heißt, in einer Situation, in der das Kind Überforderung erlebt, erlebt es auch Erwachsene, die SICHERHEIT geben und den Überblick über die Situation behalten.

» ZIEL IST, DASS DAS KIND SICHERHEIT ERLANGT UND SPÜRT, DASS ES SICH IN DIESER AUSNAHMESITUATION AUF SEINE ELTERN VERLASSEN KANN. «

Außerdem versteht es, dass Menschen unterschiedliche Meinungen haben dürfen und sich trotzdem lieb haben können. Bei einer solchermaßen achtsamen und einfühlsamen Begleitung spürt das Kind: Meine Eltern haben den Überblick und können mir Sicherheit geben. Sie bewahren Ruhe, und auch wenn ich mich jetzt so fühle und total überfordert bin, ist das in Ordnung. Oder: Meine Eltern sind klar in ihrer Haltung und Entscheidung und fühlen doch mit mir. Meine Eltern wollen etwas anderes als ich und haben mich trotzdem lieb. Es macht so eine weitere wichtige emotionale Erfahrung und lernt, dass es in seiner Überforderung jemanden gibt, der bedingungslos und wertschätzend an seiner Seite ist.

GUTE EMOTIONALE BOTSCHAFTEN an das Kind in dieser Form der Begleitung sind:

» Ich gebe dir Sicherheit.

» Mach dir keine Sorgen, ich bewahre den Überblick.

» Ich bin an deiner Seite, du bist nicht alleine.

» Ich trage die Verantwortung für diese Entscheidung und führe dich sicher durch diesen Konflikt.

Würden Eltern dagegen in ihrer Entscheidung schwanken und/oder die liebevolle Beziehung zum Kind infrage stellen, würde es folgende **DESTRUKTIVE BOTSCHAFTEN** erhalten: Du machst mich unsicher, wenn du starke Gefühle hast. Ich weiß jetzt selbst nicht weiter und kann dir nicht helfen. Sag du mir, was ich nun tun soll. Die Verantwortung für die Situation liegt bei dir, weil du diese Gefühle hast.

RÜCKENSTÄRKUNG
Stehen Sie an der Seite Ihres Kindes!

Und werden denn die starken Wutanfälle und emotionalen Ausbrüche irgendwann weniger? Ja! Mit jeder guten Erfahrung im beschriebenen Sinne und dem Voranschreiten der sprachlichen, kognitiven und sozialen Entwicklung. Das Kind wird sich nach und nach selbst differenzierter beobachten und seine Gefühle und sein inneres Erleben klarer artikulieren können, was dann zu einer emotionalen Entlastung und langfristig zu einer psychisch gesunden Entwicklung der Persönlichkeit führt.

Nur Mut: Sie dürfen achtsam mit Ihrem Kind sein. Es wird dann kein Tyrann werden. Im Gegenteil: Wenn Sie es ernst nehmen und seine Gefühle wahrnehmen und achten, wird es zu einem selbstbewussten, unabhängigen, empathischen, starken und mitfühlenden Menschen. Sie wissen es besser als die Leute, die Sie vielleicht dafür kritisieren. Sie wissen, dass ein Kind in dieser Zeit Eltern braucht, die es besonders liebevoll und achtsam begleiten.

AHA-EFFEKTE

- Die emotionale Entwicklung von Kindern achtsam zu begleiten ist maßgeblich für ein gesundes Wachstum auf allen Ebenen.
- Gefühle gehören dazu und sind wichtig! Unser Fühlen beeinflusst unser Denken und Handeln.
- Gefühle entstehen nach und nach und auch sogenannte negative Gefühle haben eine Berechtigung und dürfen gefühlt werden.
- Das sogenannte »Trotzverhalten« beziehungsweise das Streben nach Autonomie ist entwicklungsgerecht und wichtig.
- Das Kind will selbstständig und unabhängig werden.
- Mein Kind entwickelt sein eigenes ICH – das ist wichtig, und ich kann es dabei achtsam unterstützen.
- Ich nehme die Wutausbrüche nicht persönlich: Mein Kind meint es nicht böse! Es will niemanden ärgern! Es kann nicht anders!
- Falls ich mich doch angegriffen fühle, darf ich jetzt lernen, dieses Gefühl nicht übermächtig werden zu lassen!
- Ich habe eventuell Angst, die Kontrolle über das Kind zu verlieren. Ich muss es jedoch nicht kontrollieren, sondern darf es achtsam und einfühlsam begleiten.
- Ich habe eventuell Angst vor Auseinandersetzungen mit meinem Kind, weil diese vielleicht eigene starke negative Gefühle bei mir selbst auslösen.
- Ich kann die Gefühle meines Kindes aushalten. Gefühle wie Wut, Ärger, Enttäuschung ... sind erlaubt.
- Das kann ich konkret tun: Die Sprach- und Handlungsebene fördern, indem ich Gefühle benenne und Handlungsalternativen anbiete, sodass mein Kind mit der Zeit selbst handlungsfähiger und weniger überflutet wird.
- Das Kind braucht gerade in diesen Momenten der Überforderung mein Verständnis und viel Geduld.
- Wenn ich strafe, kann das fatale Folgen für die Entwicklung meines Kindes haben.
- Meine achtsame Begleitung der Entwicklungsphasen kann die Bindung zu meinem Kind vertiefen und stärken.

3

VERANTWORTUNG

— statt —

BEVORMUNDUNG

Kinder brauchen Eltern, die Verantwortung übernehmen.
Zum einen für die Qualität der Eltern-Kind-Beziehung und für
die Bedingungen, die ein gesundes Aufwachsen ermöglichen.
Zum anderen sind Eltern dafür verantwortlich, ihren Kindern
je nach Persönlichkeit und individueller Entwicklung auch
Eigenverantwortung zu überlassen und sie vertrauensvoll bei
den Erfahrungen mit ihrer Selbstverantwortung zu begleiten.

WIE ES HÄUFIG IST: BEWERTEN UND BESTIMMEN

Wann im Alltag und in welchen Bereichen dürfen und können Kinder eigentlich eigene Verantwortung übernehmen und für sich selbst entscheiden? Wann sind wir in unserer elterlichen Rolle verpflichtet, vollständig die Verantwortung zu übernehmen? Und wie konkret sieht unsere Verantwortung aus? Was oft geschieht, ist, dass wir Eltern ein Verhalten oder eine Äußerung unseres Kindes mit unseren Maßstäben BEWERTEN und in der Folge dem Kind dann keine eigene Entscheidung zugestehen. Das heißt: Wir bevormunden häufig unsere Kinder und BESTIMMEN über ihren Kopf hinweg – meist völlig unnötig.

Elementare Grundbedürfnisse werden übergangen

Säuglinge sind bereits in der Lage, eigenständig über Appetit und Durst zu entscheiden. Beim Stillen wird das sehr deutlich: Das Baby dreht den Kopf weg, sobald es sich satt fühlt und genügend getrunken hat. Oft genug versucht die Mutter dann aber trotzdem, das Kind »zu überzeugen«, noch mehr zu trinken – aus unterschiedlichen Gründen. Zum Beispiel aus Sorge, das Kind könnte zu wenig Nahrung aufgenommen haben, oder auch weil sie möchte, dass das Baby länger satt (und ruhig) ist. Hier wird deutlich, dass wir Säuglingen die eigene Verantwortung für ihr ureigenes Gefühl nicht zugestehen. Das Kind dreht den Kopf weg, aber wir Eltern bewerten das Kind und seine Äußerung so: »Doch, du hast noch Hunger! Trink noch mehr.«

Körperliche Signale haben Bedeutung

Solche Bevormundung in Bezug auf das Essen zeigt sich dann meist auch später noch, wenn das Kind älter ist. Manchmal manipulieren wir und versuchen mit Tricks, das Kind zu weiteren Bissen zu verleiten: »Noch ein Löffelchen für Papa, noch eins für die Oma!« Und im Kita- oder Schulkindalter? Darf Ihr Kind zum Beispiel selbst entscheiden, wie viel Essen es sich auf seinen Teller nimmt und wann es satt ist? Oder bewerten und bestimmen Sie: »Nein, du kannst noch nicht satt sein. Iss doch noch etwas!« So urteilen wir – wohlmeinend – über elementare Bedürfnisse des Kindes und berauben es damit der Möglichkeit, selbst Erfahrungen zu machen, eigene Entscheidungen zu treffen. So beschneiden wir sein Recht auf SELBSTBESTIMMUNG. Dabei steht schon kleinen Kindern das Recht auf Verantwortung für bestimmte Bereiche zu und sie können diese auch übernehmen! Gerade körperliche Signale und Impulse sind für die Kinder in ihrer Entwicklung zur Eigenständigkeit wesentlich. Wenn wir sie hier in ihrer Autonomie beschneiden, verhindern wir ganz wichtige Selbsterfahrungen. Denn wenn wir Erwachsene entscheiden, wann Kinder satt sind, können sie selbst nur schwer lernen, ihrem eigenen Gefühl für Appetit und Sättigung zu vertrauen.

Recht auf Eigenverantwortung von Anfang an

Wie viel SELBSTVERANTWORTUNG dürfen wir also unseren Kindern überlassen? Wenn wir uns mit dieser Frage beschäftigen, dann wird schnell Folgendes klar: Elterliche Verantwortung und MACHT (siehe Seite 86) sind untrennbar miteinander verbunden. Das birgt die Gefahr, dass Erwachsene die natürlich gegebenen Machtverhältnisse – oft auch unbewusst – missbrauchen.

*L*eonie ist fünf Jahre alt und besucht die Kita. Heute haben sie und *ihre Mutter noch etwas Besonderes vor: Sie wollen ins Schwimmbad. Leonie wartet schon angezogen auf der Bank, als ihre Mutter kommt. Sie begrüßen sich und Leonie plappert in Vorfreude auf die gemeinsame Unternehmung los. Als sie schon fast an der Tür sind, bleibt Leonie plötzlich stehen. »Ich muss noch mal auf die Toilette, Mama«, sagt sie und will sich von der Hand ihrer Mutter losmachen. Ihre Mutter jedoch hält sie fest. »Nein, Leonie! Das hättest du dir früher überlegen müssen. Du hattest doch genügend Zeit, als du auf mich gewartet hast.« – »Bitte, Mama, ich muss wirklich«, versucht Leonie die Dringlichkeit ihres Bedürfnisses zu unterstreichen. Aber umsonst: »Du kannst gleich im Schwimmbad auf die Toilette gehen, da ziehen wir uns sowieso um!«*

Wenn wir wollen, dass unsere Kinder eine innere, persönliche Autorität entwickeln und zu Menschen werden, die in ihrem Leben später unabhängig und verantwortungsvoll eigene existenzielle und auch soziale Entscheidungen treffen können (siehe auch Seite 20), dann sollten wir ihnen von Beginn an Eigenverantwortung zugestehen, ihre Signale ernst nehmen und ihnen früh in bestimmten Bereichen Entscheidungen überlassen. Anderenfalls werden sie unter Umständen zu Menschen, die eher auf fremde Autoritäten vertrauen, wenig Selbstgefühl entwickelt haben und nur schlecht Verantwortung für sich und andere übernehmen können.

Wenn wir Verantwortung mit Macht verwechseln

Die Mutter von Leonie (siehe Seite 85) übernimmt eine Verantwortung, die gar nicht ihre, sondern die ihrer Tochter ist (und sein müsste). Leonie signalisiert sehr deutlich, dass sie zur Toilette muss und hat ein sehr persönliches körperliches BEDÜRFNIS. Nur sie selbst kann beurteilen, wie dringlich es ist, diesem Bedürfnis nachzukommen. Die Mutter kann dies gar nicht von außen einschätzen und sehr wahrscheinlich war das auch gar nicht ihre Absicht. Vermutlich war ihr schlicht die Verzögerung, die sich aus dem ungeplanten Toilettengang für sie ergeben hätte, zu viel. Ob so oder so: Indem die Mutter hier die Verantwortung einfach übernimmt, über Leonie bestimmt und sogar ein Verbot ausspricht, missbraucht sie ihre elterliche Macht. Sie missachtet nicht nur das körperliche Bedürfnis von Leonie, sondern übersieht auch, dass für ihre Tochter die absolute Notwendigkeit besteht, in diesem persönlichen Bereich eigene Verantwortung übernehmen zu dürfen und autonom zu handeln.

Zudem befindet sich Leonie gerade in einer Entwicklungsphase, in der sie intensive Erfahrungen auf verschiedenen Ebenen macht:

» Mein Körper gehört mir, ich entscheide.
» Ich kann meinen Körper kontrollieren.
» Ich kann ein Bedürfnis steuern.
» Ich kann etwas bewirken und trage Verantwortung.

Durch die Bevormundung der Mutter in diesem sensiblen Bereich, wird das Mädchen jedoch erheblich verunsichert.

Trocken werden heißt Kontrolle übernehmen

Die meisten Kinder werden zwischen dem dritten und vierten Lebensjahr trocken und benötigen erst tagsüber, später auch nachts keine Windel mehr. Es handelt sich dabei um individuelle Reifungsprozesse des Nervensystems, die dazu führen, dass Kinder ihre Harnblase später zuverlässig kontrollieren können. Das heißt, das kindliche Gehirn muss als Voraussetzung für das endgültige Trockenwerden eine bestimmte Reife erreicht haben. Auch wenn Eltern glauben: »Mein Kind kann das schon!«, ist die Reifung eben oft noch nicht vollständig abgeschlossen. Es kann passieren, dass das Kind an einem Tag trocken bleibt und am nächsten wieder nicht. Gerade weil auch unbewusste Prozesse eine Rolle spielen und das Gehirn für die zuverlässige Beherrschung der Schließmuskeln bereit sein muss, ist es wenig nützlich – ja sogar kontraproduktiv –, wenn Eltern hier aktiv mit Druck oder gar mit Strafe oder Belohnung eingreifen. Solche Maßnahmen führen bei Kindern eher zu Unsicherheit und Frustration, was das Trockenwerden verlangsamen oder sogar zu Rückschritten führen kann. Grundsätzlich beginnen Kinder selbst, auf eine volle Windel hinzuweisen und sich für ihr Töpfchen oder die Toilette zu interessieren.

Leonie übernimmt entwicklungsgerecht Eigenverantwortung für ihren Körper. Das macht sie selbstständig und unabhängig. Inmitten dieser wesentlichen ENTWICKLUNGSERFAHRUNG empfängt das Mädchen nun durch das Eingreifen seiner Mutter folgende Botschaften: »Die Signale, die mein Körper sendet, sind nicht wahr; körperliche Signale muss ich also übergehen; meine Mutter hat hier das Sagen, meine Bedürfnisse sind nicht wichtig.« Das ist verhängnisvoll und bringt Leonie in einen inneren Konflikt, nämlich: »Wenn ich auf meine Bedürfnisse höre, widerspricht dies dem, was meine Mutter möchte.« Sie ist so zwischen der eigenen Autonomie und ihrer Loyalität und Kooperationsbereitschaft der Mutter gegenüber hin- und hergerissen und entscheidet sich letztendlich – wie fast alle Kinder – für die Kooperation mit ihrer Mutter. Leonie stellt ihr eigenes Bedürfnis hintenan und wird so in einer wichtigen Autonomie- und Persönlichkeitsentwicklung gehemmt, was langfristig zu Störungen – zum Beispiel zu einem Rückfall beim Trockenwerden und zur Beeinträchtigung des Selbstwertgefühls – führen kann. Wenn Eltern in dieser Form mit Macht agieren, können Kinder sich dem entweder nur fügen oder den Kampf mit den Erwachsenen aufnehmen. Kraftraubende Machtkämpfe zwischen Eltern und Kindern zu vermeiden liegt jedoch in der Verantwortung von uns Eltern. Kinder können das von sich aus nicht und sind hier auf uns angewiesen. Ebenso wie darauf, dass wir als Eltern ihnen den nötigen Raum für eigene Entscheidungen und Selbstbestimmung überlassen.

Wie können wir es wieder gutmachen?

Wir alle können dazulernen und uns mit unseren Kindern entwickeln! Indem wir uns und unser Verhalten als Eltern beobachten und hinterfragen (siehe Seite 10) und die Bedürfnisse und Gefühle unserer Kinder ernst nehmen (siehe Seite 72). Und wenn wir – wie Leonies Mutter – doch einmal unsere Macht missbraucht haben? Dann können wir das wiedergutmachen und VERANTWORTUNG dafür übernehmen.

Leonies Mutter könnte – nach einer kurzen Phase der Selbstreflexion – später zu ihrer Tochter etwa Folgendes sagen: »Leonie, es tut mir leid, dass ich dich nicht auf die Toilette habe gehen lassen und dich damit in diese Situation gebracht habe. Ich habe das nicht gut gemacht und nur an mich gedacht. Es ist nicht deine Schuld. Das nächste Mal werde ich versuchen, es anders zu machen.«

So übernimmt die Mutter die vollständige Verantwortung für die entstandene Situation – ohne Wenn und Aber. Das ist wichtig! Die verhängnisvollen Botschaften, die Leonie zunächst empfangen hat (siehe Seite 87), können so in neue Botschaften umgewandelt werden, nämlich: »Meine Bedürfnisse zählen doch; Mama hat es erst später gemerkt.« Sie wird so von ihrer Mutter ernst genommen und erfährt, dass sie nicht schuld ist. Das heißt, sie trägt keine Verantwortung dafür, dass ihre Mutter ärgerlich ist. Leonie wird so entlastet und macht gleichzeitig die Erfahrung, dass ihre Mutter sich irren kann.

Was genau ist elterliche Verantwortung?

Früher waren die Rollen klar verteilt und die Erwachsenen haben an jeder Stelle für das Kind entschieden. Das Kind hatte sich dem Willen der Eltern zu beugen, gehorsam zu sein und sich unterzuordnen. Selbstbestimmung, Eigenverantwortung und Autonomie spielten keine Rolle. Heute wissen wir, wie wichtig diese Aspekte für ein gesundes körperliches und seelisches Wachstum von Kindern sind. Deshalb spielt es in der neuen Eltern-Kind-Beziehung eine große Rolle, wie genau die VERANTWORTUNG DER ELTERN aussieht und wo und wann die EIGENVERANTWORTUNG DER KINDER essenziell ist.

Wenn wir unseren Willen mit Macht durchsetzen, setzen wir die Qualität unserer Beziehung zum Kind aufs Spiel und hemmen es vor allem in seiner emotionalen Entwicklung. Das ist nicht unser Ziel und passt nicht zum neuen, beziehungsorientierten Weg (siehe Seite 24). Elterliche Verantwortung zu übernehmen heißt: Erkennen, …

» in welchen Bereichen die Verantwortung eindeutig bei uns liegt, wir ohne Wenn und Aber unserer FÜRSORGEPFLICHT nachkommen müssen – etwa in akuten Gefahrensituationen (siehe dazu das Fallbeispiel auf Seite 90).

» in welchen Bereichen Kinder selbst Verantwortung für sich übernehmen können, wir ihnen Verantwortung ÜBERLASSEN dürfen.

Wir bewegen uns als Eltern hier also einmal mehr im Spannungsfeld von »Schutz bieten« und »Freiraum gewähren«, von Verbundenheit und Autonomie (siehe Seite 48).

Kinder können schon früh Verantwortung für eigene elementare körperliche Bedürfnisse übernehmen. Gerade in diesem Bereich persönlicher Bedürfnisse und Anliegen (wie Hunger, Sättigung, Ausscheidungskontrolle …) haben sie die besten Chancen, sich und ihr Bedürfnis selbst kennenzulernen und wunderbare Erfahrungen mit der Eigenverantwortung zu machen – wenn wir sie lassen!

Im Folgenden werden wir uns nun näher damit beschäftigen, wie ein verantwortungsvoller Umgang mit elterlicher Macht konkret aussehen kann und in welchen Bereichen wir unseren Kindern ruhig mehr zutrauen dürfen beziehungsweise wie wir sie dabei unterstützen können, selbst Verantwortung zu übernehmen.

EIN GUTER UMGANG MIT DER ELTERLICHEN MACHT

Wenn ich das Thema Verantwortung mit Eltern in einer Beratungs-stunde bespreche, kommt sehr oft die Frage auf: »Wo kann ich und wo muss ich Verantwortung übernehmen und wie kann ich dabei achtsam und wertschätzend vorgehen?« Denn viele Eltern fühlen sich nicht gut dabei, wenn sie Verantwortung und Macht verwechseln.

Verantwortung ganz in der Hand der Eltern

*D*er zweieinhalbjährige Jannik ist mit seinem Vater unterwegs. Während sein Vater den Kinderwagen schiebt, in dem Janniks jüngere Schwester liegt, hält sich der Junge an der Seite des Wagens fest. Als sie an eine stark befahrene Straße kommen, nimmt der Vater Janniks Hand. Jannik jedoch entdeckt eine Baustelle, reißt sich los und will weg-rennen. Sein Vater reagiert blitzschnell und folgt seinem Sohn in großen Schritten: »An dieser Straße bleibst du bitte an meiner Hand«, sagt er und nimmt, ohne auf die Proteste von Jannik einzugehen, dessen kleine Hand in seine eigene.*

»Nein, Papa«, jammert Jannik. »Ich will nicht, bin schon groß«, versucht er zu erklären, allerdings ohne Erfolg. »Jannik, ich verstehe dich gut. Es geht jetzt nicht anders, das ist hier zu gefährlich«, erläutert der Vater knapp, aber freundlich. Und er hockt sich – weiterhin Janniks Hand in seiner – zu seinem Sohn, schaut ebenfalls zur Baustelle und zeigt auf den großen Bagger, der gerade mit viel Getöse die Schaufel in einen Con-tainer entleert. »Schau mal da, der Riesenbagger, Jannik!« Der Junge ist begeistert. Wenig später laufen sie – Hand in Hand – weiter. »Du kannst jetzt wieder vorlaufen, wenn du magst«, sagt der Vater, als die Straße hinter ihnen liegt. Jannik bleibt noch einen Moment an der Hand seines Vaters, dann löst er sich und hält sich wieder am Kinderwagen fest.

Niemand würde hier Janniks Vater einen Vorwurf machen. Wir sind uns sicher einig: Er musste hier handeln und hat elterliche Verantwortung übernommen. Zwar hat er sich durch seine körperliche Überlegenheit durchgesetzt und auch elterliche Macht genutzt, er hat sie jedoch nicht missbraucht. Es ist überhaupt keine Frage, dass Eltern häufig (noch) für ihre kleinen Kinder entscheiden und Verantwortung übernehmen müssen und sie damit auch beschützen, etwa wenn es gefährlich wird. Es gibt unendlich viele (kleine, aber auch größere) Momente im Alltag, in denen Eltern in ihrer Verantwortung gefragt sind, vor allem wenn es für das Kind EXISTENZIELL wird.

Lassen Sie mich die geschilderte Szene – Jannik reißt sich von der Hand des Vaters los – hier anders weitererzählen, um noch einmal den atmosphärischen Unterschied zwischen Verantwortung und Machtmissbrauch deutlich zu machen:

»Nein, Papa«, jammert Jannik. »Ich will nicht, bin schon groß«, versucht er zu erklären, allerdings ohne Erfolg. Sein Vater beugt sich zu ihm hinunter und zischt wütend: »Wie oft habe ich dir schon gesagt, dass du hier an der Hand sein musst, hör sofort mit dem Gejammer auf, sonst gehen wir direkt weiter.« Jannik blickt erschrocken in das wütende Gesicht seines Vaters, der seine kleine Hand nun sehr festhält. »Ja, Papa«, sagt er und beginnt zu weinen. »Immer dieses Geheule. Ich hab's dir gesagt, wenn du's nicht lassen kannst, dann gehen wir!«, sagt der Vater streng und zerrt Jannik augenblicklich an der Hand weiter, vorbei an der Baustelle und vorbei an dem Bagger. Jannik schluchzt den gesamten Weg, bis die gefährliche Straße weit hinter ihnen liegt.

In dieser Variante der Geschichte übernimmt der Vater ebenfalls die elterliche Verantwortung, um Gefahr von seinem Sohn abzuwenden. Die Art und Weise, wie er diese Verantwortung dem Kind gegenüber deutlich macht, ist jedoch wenig fürsorglich und liebevoll – er bevormundet es und setzt sich machtvoll durch. Das strapaziert das Verhältnis zwischen Vater und Sohn. Und die Beziehung wird auch noch zusätzlich belastet, weil der Vater seinem Sohn die Verantwortung für den Konflikt zuschiebt: »Ich hab's dir gesagt, wenn du's nicht lassen kannst, dann gehen wir!« Kinder jedoch tragen nicht die Verantwortung für die Qualität der Beziehung zu uns Erwachsenen – auch nicht teilweise. Kinder sind Kinder und können aus sich selbst heraus hier keine Aufgabe übernehmen und sind auf uns angewiesen.

» ELTERN TRAGEN DIE VERANTWORTUNG FÜR DIE QUALITÄT DER BEZIEHUNG ZU IHREN KINDERN. «

Es muss uns klar sein: Erwachsene tragen selbst und allein die gesamte Verantwortung. Es ist zu jeder Zeit unsere Aufgabe, die Beziehung zu Kindern achtsam und wertschätzend zu gestalten – sie selbst wären damit völlig überfordert. Kinder verursachen – mit ihrem aus unserer Erwachsenensicht »unangepassten« Verhalten – allenfalls Belastungen. Die Verantwortung jedoch, damit gut und konstruktiv umzugehen, eine warme Atmosphäre zu gestalten und für eine gelingende Beziehung zu sorgen, liegt in unseren Händen, also bei den Eltern.

Eine gute Atmosphäre schaffen

Wenn Eltern in meiner Praxis um einen ersten Termin bitten, wollen sie häufig auch ihre Kinder mitbringen und sie mir vorstellen. Ich soll sie sehen, damit ich sie pädagogisch einschätzen kann. Das ist sehr nachvollziehbar für mich, denn bei vielen Anlaufstellen, wie zum Beispiel dem Kinderarzt und dem Kinder- und Jugendpsychiater, steht das Kind selbst im Mittelpunkt. Es finden Maßnahmen zur Verbesserung seines Verhaltens statt, es werden Testverfahren mit dem Kind durchgeführt und auch Therapien verordnet. Das ist bei mir anders. Ich mache den Ersttermin grundsätzlich mit den Eltern, und um ganz genau zu sein: Es dauert oft eine ganze Weile, bis ich die Kinder aus der jeweiligen Familie kennenlerne. In der Regel arbeite ich vor allem mit den Eltern. Warum ist das so?

Nun, die Kinder entwickeln sich innerhalb der ihnen zur Verfügung stehenden BEZIEHUNGEN und in der Regel sind die Eltern die ersten und wichtigsten Bezugspersonen. So ist es für mich zunächst entscheidend, gemeinsam mit den Eltern zu ergründen, wie die Beziehungen und die Atmosphäre in der Familie beschaffen sind. Denn die Eltern tragen auch die Verantwortung für die Qualität der Umgebung, in der die Kinder aufwachsen. Das heißt, ich möchte zunächst gerne mit den »FÜHRUNGSVERANTWORTLICHEN« sprechen und schauen, was diese tun können, um eine eventuell entstandene »Schieflage« wieder auszugleichen – denn die Kinder reagieren ja vor allem auf die Umgebung, die Atmosphäre, die ihnen zur Verfügung steht, und sie können aus sich heraus eine schwierige Situation oder ein gestörtes Verhältnis nicht beheben. Sie brauchen Erwachsene, die dafür Verantwortung übernehmen. Lassen Sie mich diese Verantwortung mit einem symbolischen Bild näher erläutern.

Wie ein Fisch im Wasser

Stellen Sie sich einmal vor, Ihr Kind ist ein Fisch im Wasser. Er gedeiht gut und wächst gesund und fröhlich heran. Dies kann der Fisch nur, wenn das Wasser (also seine Umgebung) in einem ökologischen GLEICHGEWICHT ist: Das Wasser hat die richtige Temperatur, die Lichtverhältnisse stimmen und es enthält alle notwendigen Nährstoffe, die der Fisch braucht, um zu wachsen, gesund zu bleiben und sich gut zu entwickeln. Wenn nun der Fisch auf einmal nicht mehr fröhlich ist und nicht mehr gut heranwächst, müssen wir die Ursache finden. Wir untersuchen das Wasser: Ist es eingetrübt oder zu kalt? Sind noch alle Nährstoffe vorhanden? Ist es zu einem ökologischen Ungleichgewicht gekommen? Werden unter Umständen sogar Giftstoffe zugeführt? Das alles hat natürlich Auswirkungen auf den Fisch, dessen Gesundheit von dieser Umgebung abhängig ist. Die Atmosphäre hat also Einfluss auf die Entwicklung und das Wachstum des kleinen Fischleins. Übertragen wir dieses Bild nun auf unsere Kinder: In unserer heutigen Gesellschaft ist es üblicherweise so, dass wir weniger die Umgebung betrachten als vielmehr die Fische und diese – also die Kinder selbst – »behandeln«. Wir setzen Therapien und Fördermaßnahmen für Kinder an, ohne hinreichend zu analysieren, ob die emotionalen »Nährstoffe« in der näheren Umgebung (Familie, Schule oder Kita) – zum Beispiel Geborgenheit, Wärme, Anerkennung, Sicherheit, Autonomie – gerade angemessen vorhanden sind und das Kind sich auch ausreichend damit versorgt fühlt. Ist das nicht der Fall, geben Kinder klare Signale. Die übersehen wir allerdings häufig, vor allem wenn wir durch Kita oder Schule unter Druck geraten und unsicher werden. Dann geben wir diesen Druck an unser Kind weiter, versuchen, es an die Umgebung anzupassen. Bei den Kindern kommt dann die fatale Botschaft an: Ich bin nur okay, wenn ich auch »funktioniere«.

Um in dem symbolischen Bild der Fische zu bleiben: Nicht die Umgebung wird also mit den notwenigen Nährstoffen (Vertrauen, Bestärkung, Achtsamkeit, Wertschätzung …) versehen, damit das Gleichgewicht (wieder-)hergestellt wird. Nein, wir behandeln die Fische selbst, mit dem Ziel, dass sie das »verunreinigte« Wasser in ihrer Umgebung besser vertragen. Ist das wirklich sinnvoll? Nun, wichtig ist aus meiner Sicht, erst mal zu schauen, was genau überhaupt zur »Verunreinigung« des Wassers führt, um es so wieder ins ökologische Gleichgewicht bringen zu können. Da die Eltern nicht nur Verantwortung tragen, sondern auch ihre Kinder am besten kennen, ist für mich wichtig, vor allem mit den Eltern zu sprechen und mit ihnen gemeinsam zu überlegen, welcher »emotionale Nährstoff« zum Ausgleich führen könnte.

Wenn das geschehen ist, wir gemeinsam das »Wasser« – also die Umgebung, die Atmosphäre und die Beziehungen untereinander – angeschaut haben und benennen können, was zu einer Schieflage geführt hat, können wir fehlende (emotionale) Nährstoffe gezielt nachreichen, das Gleichgewicht wiederherstellen und die Umgebung wieder optimieren, also an die Bedürfnisse der Kinder anpassen.

Bitte regelmäßig »Wasserproben« nehmen

Diese Arbeit ist vielschichtig und benötigt etwas Zeit. Sie ist auch vielfach berührend, denn die Eltern, denen ich begegne, sind alle sehr offen. Sie sehen auf einmal nicht mehr die vermeintlichen Defizite des Kindes im Mittelpunkt, sondern können sehen, dass ihr Kind emotionale Bedürfnisse hat und diese auch äußert. Sie verstehen die Zusammenhänge und sehen ihr Kind auf einmal in einem anderen Licht.

Das Wasser beziehungsweise die Atmosphäre und die Beziehungen in der Familie anzuschauen ist auch unabhängig von einer Beratungssituation wichtig. Doch wie sieht das Prüfen der »Wasserproben« dann konkret aus? Entscheidend ist, dass Sie im Alltag alles, was Kinder äußern und zeigen, achtsam, aufmerksam und mit einer unaufgeregten, zurückhaltenden »schwebenden Aufmerksamkeit« wahrnehmen. Stellen Sie möglichst täglich intensive BEZIEHUNGSMOMENTE her, ohne den Fokus gezielt auf das Kind zu legen: vorlesen, gemeinsam Essen zubereiten, einen Moment gemeinsam auf einer Bank sitzen. So bekommen Sie ein Gefühl dafür, wie es Ihrem Kind geht, was ihm wichtig ist und womit es sich gerade beschäftigt, und können jederzeit entsprechend reagieren.

In den meisten Fällen ist es übrigens so, dass nicht nur ein einzelner Aspekt zu einem UNGLEICHGEWICHT in der Umgebung des Kindes führt, sondern unterschiedliche Faktoren zusammenkommen. Manchmal hat die »Verunreinigung« des Wassers über eine Zeit hinweg bereits zu einer ernsthaften Entwicklungsverzögerung und/oder emotionalen Beeinträchtigung (zum Beispiel des Selbstwertgefühls) beim Kind geführt. Das wird in der Beratung dann schnell sichtbar. In diesem Fall kann auch noch eine pädagogische Arbeit mit dem Kind selbst notwendig werden. Das ist aber der zweite Schritt! Der erste liegt immer in der Verantwortung der Erwachsenen, die für die emotionale Versorgung und die »Wasserqualität« zuständig sind.

» UM EINE GUTE ATMOSPHÄRE ZU GESTALTEN, HABEN ELTERN IHR KIND UND SEINE BEDÜRFNISSE STETS IM BLICK. SO KÖNNEN SIE VERÄNDERUNGEN WAHRNEHMEN UND AUCH SICH SELBST HINTERFRAGEN. «

Kinder dürfen Eigenverantwortung übernehmen

Das Ziel von Eltern ist es heutzutage überwiegend, ihre Kinder zu selbstständigen, selbstbewussten und verantwortungsvollen Menschen zu erziehen (siehe dazu auch Seite 20). Dafür ist es absolut notwendig, dass Kinder auch eigene Erfahrungen machen dürfen und für die Bereiche, in denen es ihnen möglich ist, auch selbst Verantwortung übernehmen und tragen dürfen. Der dänische Familientherapeut Jesper Juul hat darauf hingewiesen, dass Kinder geradezu ein RECHT auf Eigenverantwortung haben. Sie können zum Beispiel von Geburt an Verantwortung für ihren Geschmack und ihren Appetit übernehmen (siehe Seite 85). Später dann – ungefähr zur Zeit der Einschulung – auch für

» ihr Schlafbedürfnis,
» ihre Hausaufgaben,
» die Auswahl ihrer Freunde,
» ihr Aussehen,
» die Hygiene,
» ihre Kleidung,
» den Umgang mit ihrem Taschengeld,
» ihre eigenen Gefühle und Handlungen.

Damit Kinder aber tatsächlich Verantwortung übernehmen können, müssen Eltern bereit sein, Verantwortung – zumindest teilweise – abzugeben und auf Macht zu verzichten. Das fällt vielen Eltern sehr schwer. Auch Sie werden jetzt vielleicht sagen: »Dass unser Kind sich seine Freunde selbst aussucht, das ist nachvollziehbar – auch, wenn wir uns manchmal andere Freunde für unser Kind wünschen. Aber …«

Das schwierige Thema Hausaufgaben

Schon beim Haarschnitt oder der Kleidung haben Eltern oft so klare Vorstellungen davon, wie ihr Kind aussehen soll, dass sie es an der Übernahme von Eigenverantwortung hindern oder zumindest es stark bevormunden. Ganz unvorstellbar für viele Eltern ist jedoch die Möglichkeit, dass Kinder Verantwortung für ihr Schlafbedürfnis oder die Hausaufgaben übernehmen können. »Mein Kind soll selbstständig ins Bett gehen, wann es will?« »Unser Kind soll Hausaufgaben machen oder eben nicht?«, fragen Eltern dann ungläubig.

Nein, so meine ich es nicht. Es geht nicht darum, dass das Kind immer und zu jeder Zeit machen soll, was es will. Und es geht auch nicht darum, dass das Kind sich in dieser Verantwortung selbst überlassen bleibt. Wichtig ist jedoch, dass das Kind eigene Erfahrungen mit sich und seinen Bedürfnissen sowie der Selbstorganisation in verschiedenen Bereichen machen darf – auch bei den Hausaufgaben.

L iebe Katia Saalfrank,
meine zehnjährige Tochter Malin kommt nun schon zum zweiten
Mal mit einer Katastrophenmeldung aus der Schule. Sie hat wiederholt
die Hausaufgaben in Englisch nicht gemacht und deshalb hat der Lehrer
Nachsitzen angeordnet. Ich würde mich gar nicht so aufregen, wenn es
nicht das zweite Mal wäre. Auch in Mathe hat sie die Hausaufgaben
nicht gemacht, ich musste einen Zettel vom Lehrer unterschreiben. Seit-
dem hat Malin Fernsehverbot und das Freundinnentreffen am Wochen-
ende habe ich ihr auch untersagt. Irgendwie bringt das aber nicht wirk-
lich was. Es scheint ihr völlig egal zu sein. Keine Ahnung, warum.

Früher hat sie immer ihre Hausaufgaben gemacht. Ich verstehe nicht,
warum plötzlich solche Probleme auftauchen. Soll ich jetzt das Haus-
aufgabenheft wieder einführen, wieder alles kontrollieren und mich zu
einer bestimmten Uhrzeit neben sie setzen? Ich dachte eigentlich, dass sie
das in ihrem Alter jetzt selbst kann. Was soll ich tun?

Hilflos, Ihre Andrea K.

Aus den Schilderungen lässt sich herauslesen, dass es bis vor Kurzem
nicht in der alleinigen Verantwortung von Malin lag, ihre Hausaufgaben zu erledigen. Die Mutter hat dafür gesorgt, dass die Hausaufgaben
am nächsten Tag in einem akzeptablen Zustand vorlagen. Malin war
hier in den ersten Schuljahren offensichtlich in ihrer Verantwortung
beschnitten und es fehlen ihr deshalb wichtige Erfahrungen. Ihre Mutter hat es gut gemeint und doch hat sie ihre Tochter vor allem bevormundet und kontrolliert.
Malin war also lange fremdbestimmt und konnte bisher (noch) nicht
aus sich selbst heraus erkennen, dass es wichtig ist, an die Hausaufgaben zu denken, sich zeitlich zu strukturieren und auch eine Möglichkeit der Selbstorganisation (Wie viele Aufgaben? Für welches Fach,
wann anfertigen?) zu entwickeln. Und nun soll Malin plötzlich ganz
alleine für die Hausaufgaben verantwortlich sein. Darauf reagiert sie
zunächst ganz nachvollziehbar: Sie ist verwirrt und sicher auch überfordert mit der neuen Aufgabe. Sie braucht hier jetzt Begleitung und
Unterstützung. Meine Antwort lautet deshalb:

*L*iebe Andrea K.,
dass Sie aufgebracht sind und sich ärgern, kann ich gut nachvollziehen. Sie fühlen sich verantwortlich dafür, dass in der Schule alles
glatt läuft, dass Ihre Tochter die Hausaufgaben erledigt und vorlegt.
Ihrer Mail entnehme ich, dass Sie sich als Mutter offensichtlich auch
in der Vergangenheit hierfür verantwortlich gefühlt haben. Sie haben
alles strukturiert, das Hausaufgabenheft kontrolliert und teilweise auch
neben Ihrer Tochter gesessen, um sie bei den Hausaufgaben unterstützen
zu können. Und Sie haben die Zeit für die Hausaufgaben bestimmt.
Und nun wollen Sie mit einem Mal, dass Malin ihre Hausaufgaben
ganz selbstständig erledigt. Das verunsichert Ihre Tochter. Mal erledigt
sie alles, mal nicht. Oder anders gesagt: Mal kann sie es und mal ist sie
überfordert.

Aus Sicht von Malin ist es so: Jahrelang hat sie mit Ihnen quasi im Team
gearbeitet. Sie haben erinnert und es galt vermutlich die Regel: erst die
Hausaufgaben, dann Freizeit. Malin hat sich an das, was Sie wollten,
(gerne) angepasst, weil sie mit Ihnen auch gerne kooperiert. Sie hat
sich – weil Sie es so wollten – an diese Aufgabe erinnern lassen, hat von
Ihnen eine zeitliche Vorgabe bekommen und sich zudem noch kontrollieren lassen. Aus ihrer Sicht hat sie alles getan, damit Sie als Mutter
zufrieden sind. Im Moment ist es für Malin schwierig zu verstehen, dass
das nun alles falsch gewesen sein soll und dass sie nun plötzlich selbst
und alleine verantwortlich ist – ohne jegliche Vorerfahrung.

Wenn Sie nun wollen, dass Ihre Tochter diesen Bereich eigenverantwortlich übernimmt, können Sie das mit ihr besprechen. Ich habe nicht den
Eindruck, dass Malin ihre Hausaufgaben nicht macht, um Sie zu ärgern.
Das jedoch wird sich ändern, wenn Sie mit ihr nun in einen destruktiven Machtkampf geraten und mit Strafen und Verboten reagieren.

Sehen Sie die Situation mit den Augen von Malin. Denn erst, wenn Sie
sich in Ihre Tochter einfühlen, ist es möglich, etwas über deren Gedan-
ken- und Gefühlswelt zu erfahren und sie so besser zu verstehen. Was
können Sie also konkret tun?

Übernehmen Sie in einem persönlichen Gespräch mit Ihrer Tochter zuallererst die Verantwortung für die entstandene Situation. Sagen Sie ihr, Ihnen sei bewusst, dass Sie bisher für die Erledigung der Hausaufgaben gesorgt haben. Und sagen Sie ihr, dass Sie daran jetzt gerne etwas ändern möchten. Fragen Sie auch, wie es Ihrer Tochter geht, welche Gedanken, Gefühle und Wünsche sie hat und was sie braucht, um die Verantwortung übernehmen zu können. Malin soll in diesem Dialog nicht belehrt, korrigiert oder irgendwie angepasst werden. Vielmehr geht es darum, sie zu verstehen, zu ermutigen und ihr Vertrauen entgegenzubringen, dass sie den Bereich Hausaufgaben eigenverantwortlich übernehmen kann.

Noch einmal: Malin sendet klare Signale der Überforderung, auf die Sie mit Verboten reagieren. Bei Ihrer Tochter kommt dadurch an: »Es ist mir egal, ob du die Aufgabe übernehmen kannst oder nicht. Ich will gar nicht wissen, wie du dich fühlst.« Vielleicht können Sie nun nachvollziehen, dass Malin eine andere Botschaft braucht, zum Beispiel: »Was brauchst du von mir (als Mutter), was kann ich tun, damit du die Verantwortung übernehmen kannst?«

Ihre Katia Saalfrank

Loslassen und sich selbst weiterentwickeln

Uns Eltern fällt es oft schwer, Kindern Verantwortung zu überlassen, zu wenig trauen wir ihnen zu. Und zu sehr sind wir in eigenen Vorstellungen verhaftet, wie etwas zu sein hat. Wenn wir es aber schaffen, uns davon zu lösen, und unsere Kinder eher begleiten als bevormunden und kontrollieren und bestrafen, können sie wesentliche Erfahrungen machen, die langfristig dann allgemein ihre Fähigkeit stärken, eigenverantwortlich zu handeln.

Daneben ist es aber auch schwierig für uns Erwachsene, die Verantwortlichkeit, die bei uns liegt, in letzter Konsequenz anzunehmen. Verantwortung als Eltern für Kinder zu übernehmen heißt, sich mit den Kindern gemeinsam zu entwickeln (siehe auch Seite 103), sich auszuprobieren und elterliches Handeln und eigene Haltungen auch zu hinterfragen – und hinterfragen zu lassen!

HILFE!
MEIN KIND IST AGGRESSIV

Wenn Kinder sich nicht so verhalten, wie es erwünscht ist, ist das kein persönlicher Angriff auf die Erwachsenen, sondern ein wichtiger Bestandteil der natürlichen Entwicklung. Kinder brauchen jedoch Orientierung, Begleitung und FÜHRUNG durch Erwachsene. Es kommt dabei auf die Art und Weise der Führung an. Ist diese rigide und machtvoll, kann sich das Verhalten verstärken. Wenn wir jedoch wertschätzend und verantwortungsvoll führen und unsere Kinder achtsam begleiten, können sie wertvolle Erfahrungen machen.

Verantwortungsvolle Führung in Konfliktsituationen

Vielleicht sagen Sie jetzt: »Ich gehe doch verantwortungsvoll und wertschätzend mit meinem Kind um« – und was, wenn Kinder Aggressionen zeigen? Schnell fühlen wir uns verantwortlich und in der elterlichen Pflicht, das aggressive kindliche Verhalten zu unterbinden.

*D*ie Mutter des vierjährigen Benjamin ruft empört: »Jetzt reicht es wirklich, Benjamin! Du sollst doch nicht hauen!« Sie nimmt ihn unsanft am Arm und läuft mit ihm zur Bank an den Rand des Spielplatzes. Benjamin schreit und wehrt sich: »Nein, Mama! Lass mich los.« Seine Mutter ist ärgerlich und rüttelt ihn heftig am Arm. »Was denkst du dir dabei? Du kannst hier nicht einfach ein anderes Kind hauen! Das ist nicht in Ordnung!«, ruft sie und setzt Benjamin mit einem Ruck auf die Bank. »So, mein Freund, jetzt bleibst du hier fünf Minuten sitzen und überlegst dir mal, was du gemacht hast!« – »Mama, ich wollte …«, setzt Benjamin zur Erklärung an und strampelt wütend mit den Beinen, »… der Junge war böse!«. Benjamin schaut grimmig vor sich hin. Sein kleines Gesicht ist hochrot »Nein, Benjamin, hier bin ich jetzt ganz konsequent! Das geht so nicht. Gleich, wenn deine Auszeit vorbei ist, entschuldigst du dich bei dem anderen Kind!«

Es ist nachvollziehbar, dass die Mutter hier aufgebracht und ärgerlich ist. Der Konflikt jedoch, der zur Eskalation geführt hat, ist nicht gelöst und beide – die Mutter und das Kind – sind frustriert und gekränkt. Schauen wir uns an, was auf der Ebene der Beziehung zwischen Benjamin und seiner Mutter passiert ist. Der Junge hat folgende Botschaft erhalten: »Du hast hier eine Grenze nicht gewahrt! Deine Grenze jedoch hat gar keine Bedeutung für mich!«

» VERANTWORTUNGSVOLLE FÜHRUNG BEDEUTET, GERADE IN KONFLIKTSITUATIONEN DIE GRENZEN DES ANDEREN ZU WAHREN UND ZU ACHTEN. «

Kinder brauchen jedoch unbedingt konstant die wesentliche Erfahrung, dass ihre eigenen persönlichen Grenzen geachtet werden und für andere bedeutsam sind. Nur dann können sie auch lernen, selbst achtsam mit den Grenzen anderer umzugehen.

Warum agieren wir häufig nach dem Muster wie Benjamins Mutter? Weil wir glauben, dass Mütter so sein müssen, und weil wir als Kinder ähnliche Erfahrungen gemacht haben. Benjamins Mutter hat selbst wenig Liebevolles erlebt. Ihre Erziehung war klar von der elterlichen Haltung geprägt, dass sich liebevoller Kontakt zu Kindern und konsequente Erziehung ausschließen. Dadurch hat sie gelernt: Wer nicht konsequent ist, handelt seinen Kindern gegenüber verantwortungslos – und genau das möchte sie in ihrer Rolle als Mutter eben nicht sein.

Aber wie kann eine verantwortungsvolle und gleichzeitig achtsame und wertschätzende Führung der Erwachsenen aussehen? Nun, statt auf der Verhaltensebene zu schimpfen und zu werten (»Jetzt reicht es … das ist nicht in Ordnung«), zu belehren, indem wir strafen (»… fünf Minuten Auszeit …«), und zu bevormunden (»… entschuldigst du dich …«), wenden wir uns auch in Konfliktsituationen und bei aggressivem Verhalten der Beziehungsebene zu und kümmern uns um die Bedürfnisse und Gefühle des Kindes, die hinter seinem Verhalten verborgen sind. Wir fragen uns also: Woher kommt die Aggression?

Was hinter kindlicher Aggression steckt

Im vorhergehenden Kapitel haben wir uns bereits damit beschäftigt, wie wichtig es ist, dass Kinder mit der Zeit ihre gesamte Gefühlspalette kennenlernen (siehe Seite 60). Die drei Grundemotionen im Zusammenhang mit Aggression sind Wut, Angst und Schmerz. Auf sie lassen sich viele andere, wie Enttäuschung oder Ärger, zurückführen. Diese drei Grundgefühle entstehen, wenn eines von zwei wesentlichen Grundbedürfnissen – Bedürfnis nach Zuwendung und Bedürfnis nach Autonomie – nicht ausreichend befriedigt wird. Aggressionen sind eine Reaktion auf gefühlten Schmerz, Wut und/oder Angst. Diese Gefühle suchen sich ihren Weg und funktionieren wie Wasser in einem Leitungssystem mit drei Ventilen. Ist eine Öffnung »verstopft« oder wird sie »zugehalten« (Gefühl wird unterdrückt), entsteht innerer Druck und das Wasser spritzt umso heftiger aus den beiden anderen Düsen. Wird zum Beispiel Schmerz unterdrückt, werden Angst und/oder Wut übermächtig. Dieser Mechanismus äußert sich dann in Symptomen: Das Kind wird zunehmend aggressiv, zeigt Unruhe, allgemeine Unzufriedenheit oder zieht sich zurück, was langfristig zu Erkrankungen führen kann. Deshalb ist es so wichtig, dass Aggressionen nicht unterbunden werden, sondern wir unseren Kindern helfen, ihre negativen Gefühle kennenzulernen.

Aggressive Kinder sind keine kleinen Gewalttäter

Aggressionen sind unerwünscht, haben jedoch nicht unbedingt zerstörerischen Charakter, sondern können auch konstruktiv sein. Wenn Sie Sportler im Fernsehen in Zeitlupe betrachten, können Sie erkennen, wie sich anfängliche Aggressivität (Angriffslust) in positive Energie verwandelt und den Sportler zu Höchstleistungen bringt. Auch ist es ein weitverbreiteter Irrtum, dass aus einem aggressiven Vierjährigen später unweigerlich ein jugendlicher Gewalttäter wird. (Zahlreiche Untersuchungen zeigen vielmehr, dass gewalttätige Jugendliche fast ausnahmslos in ihren Familien selbst Gewalt erfahren haben, also Opfer, nicht Täter waren.) Kinder in Benjamins Alter können Konflikte einfach noch nicht ausschließlich verbal klären. Verlangen wir also nicht Unmögliches von ihnen und überfordern wir sie nicht.

RÜCKENSTÄRKUNG
Alles, was Kinder tun und sagen, hat Sinn

Lassen Sie sich, wenn Ihr Kind in einem Konflikt aggressiv reagiert, nicht von Ihren eigenen Gefühlen übermannen. Oft löst sein Verhalten bei uns Erwachsenen Ärger, Wut oder auch Schmerz aus und wir reagieren dann selbst aggressiv – mit Worten und/oder Taten. Machen Sie sich gerade in Konfliktsituationen immer wieder bewusst: Das Verhalten des Kindes ist Ausdruck eines unerfüllten emotionalen Bedürfnisses, es gibt uns damit Hinweise auf innere Vorgänge und will uns etwas sagen. Wenn wir dann das Kind durch Bewertung und Bevormundung einfach nur zu einem anderen Verhalten bringen, übergehen wir wichtige Signale. Versuchen Sie also – auch wenn Ihr eigenes Weltbild und das der Gesellschaft im Fall von Konflikten vordergründig etwas anderes verlangt –, immer zu ergründen, welches emotionale Bedürfnis hinter dem Verhalten Ihres Kindes steckt, und reagieren Sie dann ausgleichend.

In diesem Sinne sind Kinder »Entwicklungshilfen« oder persönliche »Lehrmeister« für uns Erwachsene. Denn sie werfen uns immer wieder auf uns selbst zurück. Sie hinterfragen uns, unsere Gefühle, Haltungen und Werte – nicht, weil sie uns ärgern wollen, sondern weil sie Orientierung brauchen und auf der Suche nach Beständigkeit sind. Wenn wir nicht nur auf ihr Verhalten reagieren, sondern auf sie hören und wirklich auf sie eingehen, kann eine ganz neue Qualität in der Beziehung zu uns selbst entstehen.

»Aber Menschen können ihre Aggressionen doch nicht einfach ungefiltert ausagieren«, denken Sie jetzt vielleicht. Grundsätzlich stimmt das. Allerdings: Es stehen Kindern ja (noch) keine Verarbeitungsmöglichkeiten für ihre »negativen« Gefühle zur Verfügung. Deshalb fallen sie in eine Art »Notfallprogramm«, die ungefilterte Aggression, zurück. Sie können in ihrer Hilflosigkeit (noch) nicht auf andere, hilfreiche

Strategien zugreifen (vergleiche dazu auch Seite 68). Diese können sie nur mit uns in einem wertschätzenden Prozess erlernen. Das stellt – zugegeben – eine Herausforderung für Eltern dar.

Wie können wir gut und verantwortungsvoll reagieren?

Kinder senden mit aggressivem Verhalten folgende Botschaften, die wir als Erwachsene wahrnehmen und verstehen sollten:

» Mit mir und/oder an dieser Situation und/oder in meiner Umgebung stimmt etwas nicht.

» Ich weiß nicht, was es ist, und zudem habe ich keine Wörter dafür.

» So bitte ich dich: Wende dich mir zu, schau mich an, frag mich, was mich so wütend macht, erforsche mit mir die Ursachen und hilf mir.

Die Bewertung des aggressiven Verhaltens durch uns Erwachsene (»Das ist böse!«) und die Bevormundung (»Das darfst du nicht tun!«) sind für das Kind nicht hilfreich, denn diese beiden elterlichen Verhaltensweisen bergen keine neuen, konstruktiven und alternativen Bewältigungsstrategien hinsichtlich der starken Gefühle.

Wie könnte nun Benjamins Mutter gut reagieren? Sie könnte sich ihrem Sohn (auch im Nachhinein!) auf andere Weise zuwenden und ihre Liebe zu ihm auch bei diesem Konflikt in liebevolles Handeln übersetzen. Sie könnte ihn zum Beispiel fragen:

» »Was ist mit dir los? Was ist passiert?«

» »Was macht dich so wütend?«

» »Was brauchst du von mir?«

» »Gibt es etwas, was ich tun kann?«

Sie könnte erkennen, dass das aggressive Verhalten ihres Sohnes Ausdruck eines emotionalen Bedürfnisses ist (zum Beispiel dass auch sein Anliegen bei dem Streit gesehen wird). Sie könnte sich fragend einfühlen (»Hast du dich geärgert, weil der Junge nicht auf dich gehört und dir einfach was weggenommen hat?«) und schließlich in einem wertschätzenden Kontakt gemeinsam mit Benjamin Handlungsalternativen entwickeln (»Das kann ich gut verstehen. Es würde mich auch wütend machen. Hast du eine Idee, was wir machen können?«). Nur wenn wir in dieser Form mit unseren Kindern umgehen, können diese langfristig konstruktive Konfliktbewältigungsmuster entwickeln.

» DASS AGGRESSIVES VERHALTEN NICHT ERWÜNSCHT IST, LERNEN KINDER SCHNELL, WAS ABER NICHT HEISST, DASS SIE ES EINFACH ABSTELLEN KÖNNEN! «

Wenn wir hingegen das unerwünschte Verhalten einfach untersagen, können Kinder keine sinnvolle Entwicklungserfahrung machen, weil sie keine anderen Strategien als nur die Unterdrückung des Verhaltens an die Hand bekommen. Und sie können keine Handlungsalternativen entwickeln, bei denen die Grenzen des anderen geachtet werden. Es ist unsere Aufgabe als Erwachsene, unsere Kinder auch hier verantwortungsvoll zu begleiten und sie wertschätzend zu führen. Es geht also darum, negative Gefühle erst einmal anzuerkennen, das dahinterliegende Bedürfnis zu ergründen und dann einen angemessenen Ausdruck für das Gefühl zu entwickeln.

Aggression ohne Konflikt

Was aber, wenn wir die Ursache für aggressives Verhalten nicht aus der Situation heraus ergründen können und/oder es gar keinen offensichtlichen Konflikt gibt?

*L*iebe Frau Saalfrank, unsere kleine Maus (drei Jahre und drei Monate) teilt im Moment wieder heftig aus, und das ohne ersichtlichen Grund. Schon zur Begrüßung geht sie einfach auf die Kinder zu, kratzt sie oder zieht sie an den Haaren. Einfach so! Ich weiß ja, dass das Verhalten vermutlich zur normalen Entwicklung gehört. Ich brauche aber konkrete Hinweise, was ich in diesen Momenten tun kann. Mir ist ihr Verhalten unangenehm und peinlich. Zum einen wegen der anderen Kinder, die mir wirklich leid tun. Zum anderen fühlt es sich auch für mich und meinen Mann nicht gut an. Wir fühlen uns verantwortlich und haben schon viel probiert. Von Erklärungen bis Schimpfen ist alles dabei. Ich traue mich schon gar nicht mehr auf den Spielplatz oder Verabredungen einzugehen, weil ich nicht weiß, wie ich damit umgehen soll. Ich freue mich auf eine Antwort.

Ihre Nina S.

In solchen Fällen ist davon auszugehen, dass Kinder sich grundsätzlich und dauerhaft nicht ausreichend mit ihren Anliegen und als Persönlichkeit geachtet und wertgeschätzt fühlen. Dadurch sind sie besonders unsicher und drücken dies dann über aggressives Verhalten aus. Auch hier ist es wichtig, das Kind wertschätzend, verständnis- und verantwortungsvoll zu begleiten. Wenn Ihr Kind über längere Zeit – anscheinend grundlos – aggressiv ist, können Sie konkret Folgendes tun:

1. Bewusste Auswahl von Orten
Nehmen Sie Druck raus! Schaffen Sie zum Spielen einen Rahmen, der genügend Raum für das Kind bietet, den anderen auch aus dem Weg zu gehen. Also eher keine Verabredungen in engen Wohnungen oder auf einem überfüllten und unübersichtlichen Spielplatz.

2. Unterstützen und gleichzeitig schützen
Ihr Kind ist schnell überfordert und im Stress! Seien Sie also besonders achtsam und vorausschauend: Bleiben Sie beim Spielen in Kontakt mit Ihrem Kind. Es braucht jemanden, der es jetzt mehr unterstützt und beruhigt und notfalls vermittelt – auch zum Schutz anderer Kinder.

3. Wenn es doch passiert ist: Situation unterbrechen
Wenn es passiert ist, unterbrechen Sie die Situation schnell und trösten Sie beide (!) Kinder. Begegnen Sie auch Ihrem »aggressiven« Kind mit Empathie und fokussieren Sie nicht auf sein Verhalten. Fragen Sie nach, zum Beispiel: »Hattest du Angst um dein Spielzeug?«. Und: Entschuldigen Sie sich bei dem anderen Kind.

4. Offen mit der Situation umgehen
Oft reagieren andere Eltern mit heftigen Vorhaltungen. Versuchen Sie, ruhig zu bleiben. Übernehmen Sie Verantwortung für Ihr Kind, erklären Sie, dass Sie um die besondere Situation wissen und sich kümmern.

Und: Reflektieren Sie, sobald die Möglichkeit besteht, woher der Stress bei Ihrem Kind kommen könnte, der zu den aggressiven Handlungen führt. Steht es unter Druck? Erfährt es genügend Empathie und Anerkennung? Wo können Sie (noch mehr) Sicherheit schaffen, wie einen Ausgleich herbeiführen? Ihr Kind fühlt sich unsicher, unpassend in der Gemeinschaft und drückt das über Aggression aus. Wenn Sie hier alleine nicht weiterkommen, holen Sie sich professionelle Hilfe.

AHA-EFFEKTE FÜR ELTERN

- Kinder können schon von Geburt an für bestimmte Bereiche Verantwortung übernehmen.
- Elterliche Verantwortung und Macht sind untrennbar miteinander verbunden. Doch wir dürfen unsere Macht nicht missbrauchen.
- Eltern tragen die Verantwortung für die Qualität der Beziehung zu ihren Kindern. Kinder können diese Verantwortung noch nicht tragen und sind hier von uns abhängig.
- Kinder lernen Verantwortung zu übernehmen nur, wenn sie selbst Erfahrungen machen können. Hierfür brauchen sie Erwachsene, die ihnen Räume zum Experimentieren zur Verfügung stellen und sie achtsam begleiten.
- Alles, was Kinder tun und sagen, hat einen Sinn, auch wenn wir diesen nicht immer sofort ergründen oder verstehen können.
- Eltern dürfen auch in Konfliktsituationen achtsam sein und die Grenzen von Kindern wahren. Es liegt in ihrer Verantwortung, auch dann einen wertschätzenden Umgang zu finden.
- Aggressionen im Kindesalter gehören zur normalen emotionalen Entwicklung dazu und führen später nicht zu Gewalthandlungen.
- Aggressionen sind eine Reaktion auf sogenannte negative Gefühle wie Angst, Wut und Schmerz und haben ihre Berechtigung. Kinder dürfen lernen, mit ihnen umzugehen.
- Empathie und Einfühlung können Kinder nur im Kontakt mit einfühlsamen Erwachsenen erfahren und erlernen.

WERTSCHÄTZUNG

_ statt _

ABWERTUNG

Im Familienalltag passiert es immer wieder, dass Kinder abgewertet werden. Erwachsene verletzen die Grenzen von Kindern, indem sie strafen und Kinder so auch nachhaltig kränken. Das geschieht oft unbewusst – die meisten Eltern kennen keine Alternativen, denn sie haben es selbst nicht anders erlebt. Doch es geht auch ohne Strafen! Es ist möglich, Konflikte konstruktiv und wertschätzend zu lösen.

WIE ES HÄUFIG IST:
KINDER WERDEN GEKRÄNKT

Wenn sich alle einig sind, dann ist es nicht schwer, harmonisch miteinander zu leben. Schwierig wird es, wenn im Alltag unterschiedliche Vorstellungen und Meinungen aufeinanderprallen. Das ist in einer Familie unvermeidbar und es kommt zu Konflikten. Oft glauben wir, auch dann mit unseren Kindern wertschätzend umzugehen und Herkömmliches (siehe Seite 14) überwunden zu haben. Doch schnell fallen wir an genau diesen Stellen in ein strafendes Muster zurück.

*D*ie sechsjährige Lea soll ihr Zimmer aufräumen. Ihre Mutter war schon zweimal bei ihr und hat sie ermahnt, nun endlich anzufangen. Zunächst beginnt Lea mit Elan und räumt einige Dinge vom Fußboden in die Regale. Zunehmend lässt sie sich jedoch von ihren Spielsachen ablenken. Sie legt sich auf den Bauch und beginnt ein neues Spiel, in das sie ganz vertieft ist, als ihre Mutter wieder ins Zimmer kommt. Diese reagiert prompt: »Lea, warum räumst du nicht auf? Wir haben doch gesagt, dass du nach dem Spielen alles aufräumen sollst, das war doch abgemacht. Warum hältst du dich nicht an unsere Vereinbarung?« – »Ich hab doch schon, aber dann … Ich hab nur noch kurz gespielt, Mama!«, versucht Lea sich zu erklären. »Das ist mir jetzt wirklich egal, Lea! Wenn du dich nicht an unsere Abmachung hältst, dann musst du auch die Konsequenzen tragen.« Leas Mutter beginnt nun selbst aufzuräumen und wirft ärgerlich die Bausteine in den dazugehörigen Kasten. »Es reicht jetzt wirklich«, sagt sie, »wenn man etwas vereinbart, dann muss man sich auch dran halten. Das musst du lernen. Du hast dich nicht daran gehalten, deshalb ist die Konsequenz, dass es heute Abend kein Fernsehen mehr gibt, und morgen bleibst du auch zu Hause – die Spielzeit mit deiner Freundin ist gestrichen.« Lea beginnt zu weinen und wirft sich auf den Boden. Die Mutter räumt zu Ende auf und verlässt das Zimmer. Lea bleibt schluchzend zurück.

Was ist passiert? Leas Mutter ist wütend, weil ihre Tochter nicht das tut, was sie von ihr verlangt. Aus ihrer Wut heraus verhängt die Mutter eine Strafe: Sie nimmt Lea weg, was dieser lieb und teuer ist (die Fernsehzeit, die Spielzeit mit der Freundin). Lea empfängt in dieser Situation durch die Strafe folgende abwertende Botschaften:

» Ich bin es nicht wert, gehört zu werden, nicht okay, so wie ich bin.
» Meine Bedürfnisse und Anliegen sind nichts wert.
» Ich werde kleingemacht, bin hilflos und schwach.

Darüber hinaus erfährt Lea, dass ihre Mutter sich machtvoll durchsetzt, was die Beziehung zwischen Mutter und Tochter belastet:

» Meine Mutter hat das Sagen, und wenn ich nicht mache, was sie will, kann es für mich schmerzhaft werden.
» Ich kann kein Vertrauen entwickeln, sondern muss auf der Hut sein.

Die meisten Eltern, die ich kennenlerne, haben keine Alternativen für den Umgang mit Kindern in Konfliktsituationen. Sie glauben, dass Strafen sein müssen und zum Elternsein dazugehören.

> **» ELTERN STRAFEN MEIST, WEIL SIE ALS KINDER SELBST GESTRAFT WURDEN UND UNBEWUSST ETWAS SELBST ERLEBTES WIEDERHOLEN. «**

Was Strafen und Konsequenzen bewirken

Da Strafen heutzutage oft weniger drastisch ausfallen als früher, sprechen wir gerne von Konsequenzen. Die Wirkung ist allerdings dieselbe. Wenn uns klar ist, welche Mechanismen hinter Strafen oder Konsequenzen stecken, können wir überlegen, ob wir so die Beziehung zu den Kindern gestalten oder einen wertschätzenden Umgang mit ihnen finden wollen. Strafen und Konsequenzen zu verhängen bedeutet …

» elterliche MACHT zu DEMONSTRIEREN und MISSBRAUCHEN,
» DEMÜTIGUNG für das Kind – es wird EINGESCHÜCHTERT,
» eine konstruktive Auseinandersetzung zu verhindern – der eigentliche KONFLIKT bleibt UNGELÖST und besteht weiterhin,
» dem Kind ANGST zu machen.

Eine von Liebe und Vertrauen geprägte Beziehung kann so nicht entstehen. Denn wenn Eltern auf Konflikte mit Konsequenzen reagieren, machen sie ihr Kind HILFLOS und OHNMÄCHTIG. Es lernt dann: Der Stärkere hat recht, es ist also besser, der Starke zu sein, als gedemütigt zu werden. Das Kind verhält sich in anderen Beziehungen dann nach diesem Vorbild. Auch entsteht so ein fataler Kreislauf: Alle geben das, was sie selbst erfahren haben, an die jeweils nächste Generation weiter. Nur Erwachsene können diese Spirale unterbrechen!

» STRAFEN UND KONSEQUENZEN ÖFFNEN DAS TOR
FÜR MACHTKÄMPFE UND SÄEN DEN SAMEN:
WIE DU MIR, SO ICH DIR. «

Die Abwertung »funktioniert« deshalb, weil Kinder von uns Erwachsenen abhängig sind, insgesamt natürlich, vor allem aber in emotionaler Hinsicht. Sie lieben uns und deshalb können wir eine »Erziehungslüge« aufrechterhalten: »Wenn ich dir wehtue, geschieht es zu deinem Besten!« Kinder lernen außerdem, dass Liebe und Abwertung miteinander vereinbar sind, also: Die, die wir lieben, werten wir gleichzeitig auch ab. Um die mit der Abwertung einhergehende Demütigung auszuhalten, schalten Kinder mit der Zeit dann einen Teil ihres Gefühlszentrums im Gehirn quasi aus. Sie registrieren auf Dauer die DEMÜTIGUNG nicht mehr als Schmerz. Sie büßen so allerdings gleichzeitig einen Teil ihrer Fähigkeit ein, überhaupt Gefühle zu entwickeln. Schmerz bei sich und auch bei anderen können sie dann nicht mehr fühlen und sie werden Schwierigkeiten haben, EMPATHIE zu entwickeln und einfühlsam mit anderen Menschen umzugehen und Konflikte gemeinsam und konstruktiv zu lösen.

Durch Abwertungserfahrungen wird außerdem das Urvertrauen des Kindes beschädigt, denn es erlebt elterliche Stärke nicht als Geborgenheit und Schutz, sondern als ANGRIFF auf seine Persönlichkeit, im schlimmsten Fall sogar als Bedrohung. Es wird künftig deshalb mit Angst oder Gegenangriff in Konfliktsituationen reagieren.

Strafen sollen das Verhalten anpassen

Leas Mutter (siehe Seite 110) war zunächst freundlich, beim zweiten Mal ist sie dann etwas vehementer geworden und hat so probiert, ihre Tochter zum Aufräumen zu bewegen. Lea hat sich trotzdem nicht so verhalten, wie die Mutter es gewünscht hat. So entsteht bei dieser der Eindruck, dass ihr elterliches Interesse nicht anders durchgesetzt werden kann als durch Sanktionen. Eine Strafe muss also her. Warum eigentlich? Warum strafen wir Kinder? Mit Missachtung und durch Abwertung, mit einer sogenannten Konsequenz? Nicht zuletzt auch deshalb, weil von Erziehungsexperten immer wieder beharrlich die These vertreten wird, dass es ohne Strafe nun mal nicht ginge. So findet man im Internet »Weisheiten« wie die folgende: »Kinder testen immer wieder ihre Grenzen bis zu einer Strafe aus und möchten die Welt nach ihren Vorstellungen gestalten. Gelingt ihnen das nicht, reagieren sie je nach Situation und Temperament mit Wutanfällen, die eine sinnvolle Strafe als Folge haben sollten.« Das ist nur ein Beispiel von vielen für den Ratschlag, Konflikte mit Kindern über das Verhängen von Strafen oder Konsequenzen zu regeln. Das Fazit dieser Expertenmeinung lautet kurz und knapp: »Ohne Strafe geht es nicht!« Und die Botschaft zwischen den Zeilen: »Wenn Sie, liebe Eltern, Ihr Kind nicht bestrafen, wird nichts aus ihm!« Das wirkt. Denn natürlich wollen wir Eltern uns nicht vorwerfen lassen, dass wir unsere Kinder schlecht erziehen.

>> **WIR KRÄNKEN UNSERE KINDER UND VERSPIELEN IHR VERTRAUEN, WENN WIR AUF KONFLIKTE MIT STRAFEN UND KONSEQUENZEN REAGIEREN.** <<

Kein Wunder also, dass sich Strafen und Konsequenzen als Konfliktlösestrategie hartnäckig im Erziehungsrepertoire von Eltern halten, und es ist für mich nicht nachvollziehbar, dass solche Methoden weiterhin empfohlen werden. Um es vorwegzunehmen: Es stimmt natürlich nicht, dass wir Konsequenzen benötigen und keine andere Wahl hätten. ES GEHT AUCH OHNE STRAFEN! Wir können wertschätzend und liebevoll mit unseren Kindern umgehen und Konflikte konstruktiv lösen. Wir müssen unsere Kinder nicht abwerten und kränken.

Die Wirkungsweisen von Strafen und Konsequenzen sind dieselben. Die Konsequenz reden wir uns manchmal schön (vielleicht um es uns leichter zu machen), indem wir von »liebevoller« oder »logischer« Konsequenz sprechen und damit so tun, als sei diese eine natürliche Folge des kindlichen Handelns. Wenn jedoch ein Kind sein Zimmer nicht aufräumt, dann ist die NATÜRLICHE FOLGE erst mal schlicht die, dass das Zimmer unaufgeräumt ist, nicht, dass das Kind nicht fernsehen darf. Oder: Wenn ein Kind trotz elterlicher Warnung im Winter ohne Jacke das Haus verlässt, wird es frieren; das ist die natürlich Folge. Wenn es dann – weil es sich dem elterlichen Willen widersetzt hat – deshalb nicht mehr raus darf, ist das eine Konsequenz, die Eltern aktiv herbeiführen, und somit schlicht und einfach eine Strafe.

Während Konsequenzen in diesem Sinne unseren Wert als Menschen infrage stellen, ist Frieren zwar unangenehm, wertet uns jedoch als Menschen nicht ab. Wenn Ihr Kind eine für Sie als Eltern absehbare Folge seines Verhaltens tragen muss (zum Beispiel frieren), können Sie sich wertschätzend an seine Seite stellen und es bei dieser Erfahrung verantwortungsvoll begleiten: Ein frierendes Kind braucht Wärme und Schutz von seinen Eltern, auch Verständnis und Trost, also eine positive Beziehungserfahrung, keine Bestrafung.

Warum wir Kinder nicht strafen sollten!

Strafen und Konsequenzen zeigen oft kurzfristigen (vermeintlichen) Erfolg – weil Kinder sich aus Angst den Wünschen der Eltern anpassen. Letztlich jedoch sind sie das Tor zum Machtkampf zwischen Groß und Klein. Sie verschärfen negative Einstellungen und die Beziehung zwischen Eltern und Kindern wird belastet, ja sogar beschädigt. Und das bedeutet: Strafen und Konsequenzen dienen langfristig nicht der Verbesserung des »störenden Verhaltens«, es beginnt ein Machtkampf, den wir nur bis zur PUBERTÄT gewinnen können. Spätestens dann nämlich werden die Auseinandersetzungen eskalieren. Elterliche Machtausübung bringt uns nicht mehr weiter, denn die Kinder werden sich nun den Strafmaßnahmen widersetzen und heftig rebellieren.

Schauen wir uns zusammenfassend noch einmal genauer an, was passiert, wenn wir unseren Kindern mit Strafen und Konsequenzen begegnen. Entwicklungspsychologische Aspekte wurden schon genannt: Das Urvertrauen wird gestört und Angst wird produziert – keine guten Voraussetzungen dafür, dass Kinder später selbstbewusst, vertrauensvoll und sicher durchs Leben gehen. Strafende Erziehungsmaßnahmen haben aber auch auf der emotionalen und sozialen Ebene Folgen: Sie …

» ZERSTÖREN das MITGEFÜHL und die SENSIBILITÄT für andere und für sich selbst. Desensibilisierung ist die Folge.

» ZERSTÖREN auf längere Sicht die Fähigkeit, sich einzufühlen sowie EMPATHIE zu entwickeln.

» produzieren ÄRGER und WUT beim Kind und den Wunsch nach »RACHE«. Das Rachegefühl staut sich zunächst auf und kann vorläufig noch unterdrückt werden. Es kann sich dann aber gegenüber Geschwistern oder auch anderen Personen entladen. Oft finden diese unterdrückten Wutgefühle erst im Erwachsenenalter ihren destruktiven Ausdruck – dann aber ziemlich heftig.

» BEEINTRÄCHTIGEN die Entwicklung von EMOTIONEN. Denn Kinder haben so nur eingeschränkte Möglichkeiten, das ganze Spektrum von Gefühlen kennenzulernen und einen guten Umgang damit zu etablieren. Das eigene Empfinden wird durch unterdrückte und aufgestaute Gefühle wie Ärger und Wut irritiert.

Da wir heute wissen, welch große Bedeutung die emotionale Entwicklung von Kindern hat und wie wichtig es ist, gut und ausgiebig Erfahrungen mit den eigenen Gefühlen zu machen (siehe Seite 60), sind die genannten Aspekte besonders schwerwiegende Argumente dafür, Konflikte wertschätzend und konstruktiv zu lösen und den strafenden Umgang und das Sanktionieren zur Seite zu stellen. Oder wollen wir unseren Kindern vorleben, dass Konflikte nach dem Motto gelöst werden: der Stärkere gewinnt, weil er dem anderen drohen, ihn kränken und abwerten kann? Unsere Kinder brauchen uns als wertschätzende Vorbilder, um selbstbewusste, eigenverantwortliche und konfliktfähige Menschen zu werden. Die gute Nachricht: Es geht wirklich auch anders! Im Sinne eines wertschätzenden Umgangs können wir heute neue Handlungsalternativen ausprobieren.

WIR KÖNNEN AUCH LIEBEVOLL NEIN SAGEN

Wie aber können wir es nun anders machen? Was ist die Alternative zu strafender Erziehung und wie können wir unsere Liebe und Wertschätzung in die Beziehung zum Kind einbringen, auch dann – oder besser: gerade dann –, wenn es um Konflikte geht?

Wir können und dürfen als Eltern durchaus liebevoll Nein sagen und dabei die Grenzen der Kinder respektieren. Und wir brauchen keine Angst vor Konflikten zu haben! Wir können eine Leichtigkeit entwickeln und mit der Zeit verstehen, dass Konflikte sogar fruchtbar sind und uns im Zusammenleben weiterbringen.

Eltern sind keine Polizisten und Richter

Die Familie als sicherer Ort ist eine wesentliche Voraussetzung dafür, dass Kinder sich auf allen Ebenen gut entwickeln. Er ist geprägt von Liebe, Geborgenheit und Verständnis, deshalb ist Familie nicht vergleichbar mit einem »Verkehrsübungsplatz«, wo es Verbotsschilder, Anweisungen, Gesetze, Regeln und Sanktionen bei Verstößen gibt. Das heißt, Eltern sind keine Kontrolleure, Polizisten oder Richter:

» Das Familienleben lässt sich nicht wie der Straßenverkehr über einen Regelkatalog und durch die Ahndung von Grenzüberschreitungen und Regelbrüchen steuern.

» Ein Gefühl der Sicherheit und Geborgenheit wird sich bei dieser Form von Grenzsetzung nicht einstellen, weil die Erwachsenen als eine Art Kontrolleure und Polizisten auftreten.

» Sobald eine Regel übertreten, eine Grenze verletzt ist, fungieren die Erwachsenen dann als Gesetzeshüter und Richter gleichzeitig (Machtkonzentration). Sie benennen die verletzte Regel, sprechen das Urteil und »vollstrecken« die Strafe. So entsteht keine gleichwertige Beziehung – im Gegenteil: Sie wird belastet, unpersönlich und sachlich, wie in einem anonymen Staatsapparat.

In der Familie jedoch sind die Beziehungen nah und warm. Es geht darum, sich auszutauschen, miteinander zu lachen, und auch darum, Konflikte zu lösen. Es geht darum, sich zuzuhören, zu verstehen, was der andere denkt, wie sich alle Beteiligten fühlen und welche Bedürfnisse jeder in dieser Gemeinschaft hat. Die Frage ist also: Wie können wir in diesem Sinne Auseinandersetzungen begegnen und Konflikte lösen? Hierfür ist es wesentlich, sich als Vater oder Mutter mit seinen eigenen Grenzen zu zeigen und sich klar zu werden: Was möchte ich und was nicht? Schauen wir dazu noch einmal auf das Beispiel von Lea und ihrer Mutter (siehe Seite 110).

Leas Mutter hat Rat gesucht, weil sie nicht mehr strafen oder Konsequenzen verhängen wollte. Sie suchte ganz bewusst nach anderen Wegen. Zunächst haben wir deshalb in der Beratung verschiedene grundsätzliche Fragen beleuchtet: Was genau ärgert sie daran, wenn ihre sechsjährige Tochter das eigene Zimmer nicht aufräumt? Wie viel Eigenverantwortung gesteht sie Lea zu? Es ist ja Leas Zimmer und so auch ihr eigener Bereich, wie sehr kann die Mutter das respektieren? Was bedeutet ihr Ordnung? Und: Kann sie sich vorstellen, mit Lea im Nachhinein anders Kontakt aufzunehmen, ihre Sicht auf die Dinge liebevoll deutlich zu machen, ihre Gefühle zu zeigen und darauf zu vertrauen, dass Lea mit ihr gemeinsam nach Lösungen suchen wird? Ihre Antworten darauf hat Leas Mutter dann konkret so umgesetzt:

Die Mutter kommt in Leas Zimmer und sagt zu ihrer Tochter: »Lea, ich würde dich gerne auf einen Kakao in der Küche einladen und mit dir über das Thema Aufräumen sprechen.« Lea reagiert freudig überrascht: »Oh, das haben wir noch nie gemacht! Jetzt gleich?« – »Ja, gerne«, antwortet die Mutter. Die beiden gehen in die Küche und bereiten den Kakao zu. Dann setzen sie sich an den Küchentisch.

Mutter: »Weißt du, neulich unser Streit mit dem Aufräumen … Das hat mich nachdenklich gemacht. Wir streiten uns darüber so oft. Der Tag ist eigentlich immer schön und dann, wenn es ans Aufräumen geht, streiten wir uns. Das tut mir leid und ich möchte das nicht mehr.«
Lea: »Ja, stimmt! Ich find das auch blöd.«

Mutter (lächelt): »Gut. Mir ist wichtig, dass wir beide uns an Verabredungen halten können und auch die Ordnung in deinem Zimmer ist mir wichtig. Also, wollen wir mal überlegen, wie es anders gehen kann?«
(Lea nickt mit dem Kopf.)
Mutter: »Es ärgert mich, wenn wir da so in Streit geraten, und ich möchte gerne wissen, warum das so ist und es dir so schwerfällt, in deinem Zimmer Ordnung zu halten.«
Lea: »Eine Frage, Mama: Warum willst du unbedingt, dass ich aufräume? Und warum muss ich immer so aufräumen, wie du es willst? Das eine in die rote, das andere in die blaue Kiste … Da finde ich das nie wieder! Und außerdem: Papa räumt doch auch nicht auf, seine ganzen Kleider hängen immer auf dem Stuhl im Schlafzimmer rum.«
Mutter (erst mal sprachlos): »… Ähm, also. Papa können wir mal raus lassen. (Dann fasst sie sich.) Na ja … Ordnung ist mir wichtig. Ich mag es, wenn alles an seinem Platz ist. Ich glaube, ich bin einfach ein ordentlicher Mensch. Und deshalb möchte ich, dass alles aufgeräumt ist.«
Lea: »Das versteh ich – aber das ist doch mein Zimmer! Und überhaupt: Es ist doch nicht unordentlich! Ich spiele da doch nur. Und ich glaube, ich bin auch ordentlich, aber irgendwie anders. Stimmt' s, Mama, ich weiß immer, wo alles ist.«
Mutter (lächelt): »Ja, das stimmt. Weißt du, es ist auch so … Abends, wenn ich dir gute Nacht sagen und an dein Bett kommen möchte, dann muss ich über alle Spielsachen drüber steigen, ich stolpere oder tue mir auch an den Füßen weh … und dann …«
Lea: »… Ach soo, ja, da hab ich eine Idee, Mama: Ich kann dir einfach einen kleinen Weg zum Bett frei räumen (macht eine große Handbewegung), über den du laufen kannst. Dann muss ich nicht alles aufräumen und du kannst trotzdem zum Bett kommen.«
Mutter (lacht): »… Ähm, ja, also … Das ist eine interessante Idee. Ich weiß nicht, ob es eine Lösung für mich sein kann. Ich merke aber gerade, dass mir Ordnung – auch in deinem Zimmer – einfach wichtig ist.«

Sie merken schon: Die beiden sind im Gespräch, in einem regen Austausch. Leas Mutter hat ihre Position liebevoll deutlich gemacht, hat aber gleichzeitig auch ihrer Tochter zugehört und ist offen für Leas Gedanken. So tauschen sie sich zunächst nur aus und sprechen darüber, was sie beide denken und fühlen, was jeder von ihnen wichtig ist und warum. Sie sind offen füreinander und versuchen dann im zweiten Schritt, gemeinsam Lösungen zu finden, die für alle Seiten annehmbar sind (siehe dazu auch Kapitel 6).

Mit Kindern im Gespräch bleiben

Leas Mutter erzählte mir von dieser Unterhaltung mit ihrer Tochter und sie schrieb mir nach einigen Wochen noch einmal eine Mail. Sie erzählte, dass sie und Lea nun wunderbare »Küchen-Kakao-Gespräche« führen und dass ihre Beziehung zueinander tiefer und vertrauensvoller geworden sei.

»Der Weg ist das Ziel«, schreibt Leas Mutter. »Wir haben nicht eine Lösung, sondern verschiedene Möglichkeiten gefunden: Mich stört die Unordnung mal mehr und mal weniger. So haben wir vereinbart, dass ich mich situativ entscheiden darf, ob ich zum Gutenachtsagen ans Bett von Lea komme oder ob ich von der Tür aus ein ›Luftküsschen‹ verschicke. Mal gehe ich über einen kleinen, von Lea frei geräumten Weg zum Bett und manchmal bekomme ich am Spätnachmittag schon von meiner strahlenden Tochter die Information: »Mama, ich habe alles aufgeräumt, du kannst also an mein Bett kommen.«

Und Leas Mutter hat sehr profitiert von dieser neuen Art und Weise, mit Konflikten oder konfliktträchtigen Situationen umzugehen:

Ich habe so viel über meine Tochter gelernt – was sie denkt und fühlt, was sie über Ordnung denkt (und ich auch). Wie schön es ist, nicht immer gleich eine Lösung haben zu müssen, und wie gut es tut, sich auszutauschen, sich zu verstehen und auch sich selbst immer wieder zu hinterfragen.

Ich freue mich sehr, dass Leas Mutter aus dem täglichen Machtkampf mit ihrer Tochter aussteigen und neue Erfahrungen machen konnte, die sich auch auf andere Situationen übertragen lassen.

RÜCKENSTÄRKUNG
Es geht auch ohne Strafen!

Wir kommen im Umgang mit Kindern auch ohne sogenannte Konsequenzen aus und können unseren Kindern wichtige Beziehungserfahrungen mit auf den Weg geben. Häufig wird uns von Freunden, Bekannten, Eltern oder von Experten jedoch geraten, hart durchzugreifen und unerwünschtes Verhalten der Kinder zu ahnden. Dadurch werden wir unsicher und es packen uns Angst und Zweifel: Mache ich es richtig? Stimmt mein Bauchgefühl, dass es meinem Kind mit Strafen und Konsequenzen nicht gut geht und ich den Kontakt zu ihm verliere? Was aber, wenn die anderen recht haben und ich doch zu viel »durchgehen« lasse?

Ich möchte Sie bestärken: Strafen und Konsequenzen sind überflüssig. Sie machen es gut und Ihr Bauchgefühl stimmt: Sie spüren, dass Sie mit einem strafenden Umgang Ihr Kind abwerten und die Grenzen Ihres Kindes übertreten. Sie möchten es anders machen. Das dürfen Sie auch. Haben Sie dabei Geduld mit sich selbst. Es wird nicht von heute auf morgen gehen. Und haben Sie keine Angst: Ihr Kind wird durch einen wertschätzenden Umgang nicht lernen, dass es Ihnen auf der Nase herumtanzen kann, sondern dass Sie es mit seinen Gefühlen und Bedürfnissen ernst nehmen. Das bestärkt Ihr Kind und wirkt sich positiv auf sein Selbstwertgefühl aus. Denn es wird nicht abgewertet, sondern empfängt die Botschaft: Für meine Eltern bin ich wertvoll!

Warum wir so schwer Nein sagen können

Um als Mutter oder Vater unsere Position vertreten zu können, ist es nötig, dass wir uns entsprechend äußern. Das heißt, dass wir auch Nein sagen können und eine mögliche Auseinandersetzung nicht scheuen. Viele Missverständnisse und Konflikte in Familien entstehen, weil Eltern, wenn sie Ja sagen, eigentlich Nein meinen.

*D*ie zehnjährige Lilly möchte bei ihrer Ballettfreundin Lisa übernachten, die gerade zu Besuch ist. Die Mutter möchte es nicht,
denn am nächsten Tag ist Schule. Trotzdem erlaubt sie es.

Lilly: »Darf ich bei Lisa übernachten?«
Mutter (zögert und denkt: »Eigentlich passt es nicht und ich will es
nicht.« Sagt aber): »Mhmm … aber morgen ist Schule …«
Lilly: »Aber Lisas Mutter fährt mich.«
Mutter (denkt: »Ich will es eigentlich nicht, Lilly soll ausgeschlafen sein
und nicht übermüdet in die Schule gehen.« Sie sagt aber): »Na ja, aber
dann muss Lisas Mutter extra den Umweg zu deiner Schule fahren.«
Lisa (schaltet sich ein): »Meine Mama hat gesagt, sie macht das gerne
und es passt von der Zeit her.«
Mutter (zögert wieder): »Also eigentlich will ich es nicht …«
Lisa und Lilly: »Och bitte, bitte.«
Mutter (will es eigentlich weiterhin hin nicht, gibt aber erschöpft auf):
»Na gut, meinetwegen, übernachte bei Lisa.«

Am nächsten Tag kommt Lilly total übermüdet und schlecht gelaunt
nach Hause. Es gibt einen riesigen Streit um die Hausaufgaben und Lillys Mutter schimpft schließlich: »Siehst du, ich wollte nicht, dass du mit-
ten in der Woche in dem ganzen Schulstress bei Lisa übernachtest. Aber
du wolltest ja unbedingt. Ich wusste schon, warum!«

Lillys Mutter hatte hier einen klaren inneren Impuls, als es um die Frage nach der Übernachtung ging. Sie folgt diesem jedoch nicht und sagte Ja, obwohl sie Nein spürte und meinte. So hat sie keinen klaren
STANDPUNKT bezogen, den sie als Mutter jedoch haben darf. Denn
nur so wird sie mit ihren Anliegen für ihre Tochter sichtbar. Auch lernt
Lilly so, dass man unterschiedliche Ansichten vertreten darf. Was hier
noch passiert ist: Die Mutter schiebt nachträglich Lilly die Verantwortung für ihre eigene elterliche Entscheidung und die entstandene Situation zu: »Aber du wolltest ja unbedingt.« Es ist jedoch unsere Aufgabe
als Eltern, eine klare Position (siehe Seite 39) einzunehmen, diese im
wertschätzenden Dialog deutlich zu machen (siehe Kapitel 6) und die

Verantwortung für unsere Entscheidungen zu übernehmen (siehe Kapitel 3). Kinder sind auf der Suche nach Eltern, die Haltung zeigen und Orientierung geben – durch ein Ja oder ein Nein. Ausweichen in Form von Unklarheit ist also keine Alternative zu Strafen und Konsequenzen.

» ES IST FÜR KINDER WICHTIG,
DASS ELTERN SICH POSITIONIEREN.
EIN NEIN KANN UND DARF DABEI LIEBEVOLL SEIN. «

Doch warum fällt uns das Neinsagen manchmal so schwer? Eine Antwort ist: Es erinnert uns an unsere Kindheit und wir verbinden dieses Nein mit elterlicher UNFREUNDLICHKEIT. Natürlich wollen wir zu unserem Kind nicht unfreundlich sein. Dennoch: Ein Nein zu umgehen, sich nicht deutlich zu äußern, weil man vermeiden möchte, sich schlecht zu fühlen, führt allenfalls für den Moment zu einer konfliktfreien, oberflächlichen Lösung. Langfristig wird die Auseinandersetzung jedoch nicht zu vermeiden sein.

Eine andere Antwort ist: Wir haben unterschwellig die Sorge, kurzfristig die Zuneigung unserer Kinder zu verlieren, wenn wir Nein sagen. Deshalb sagen wir häufig gegen unseren eigenen Impuls Ja oder drücken uns irgendwie unklar aus. Es ist jedoch nicht so, dass Kinder uns ernsthaft weniger lieben, wenn wir Nein sagen. Natürlich macht ein Kind dann seinem Ärger auch lauthals Luft und ruft: »Du bist doof, Mama!« Oder: »Ich hab dich gar nicht mehr lieb, Papa!« So drückt das Kind aber eher seinen (aus seiner Sicht berechtigten) Ärger aus. Es kann dies nur in dieser Form, da es sich sprachlich (noch) nicht differenziert über seine Gefühle äußern kann (siehe Seite 66). Auch wenn wir das nicht gut aushalten können – für die Qualität der Beziehung ist es zuträglich, wenn wir im Kontakt mit den Kindern authentisch sind und als Persönlichkeit sichtbar werden. Ein Nein muss nicht böse ausgesprochen werden. Wir können uns auch in liebevollem und fürsorglichem Ton ABGRENZEN und müssen bei einem Nein nicht die Integrität, die persönliche Grenze des Kindes verletzen und es so abwerten.

Wertschätzung auch im Konfliktfall ausdrücken

Ein Nein kann immer Frust bei Kindern auslösen, dessen sollten wir uns bewusst sein. Insbesondere, wenn wir im Familienalltag zeitweise mit unkommentierten Neins kommunizieren. Das passiert – ist jedoch in hohem Maße zusätzlich frustrierend.

Stellen Sie sich vor, Sie bekommen von Ihrem Vorgesetzten auf jede Kontaktaufnahme hin ein Nein zu hören: »Soll ich die Papiere fertig machen?« – »Nein!« »Kann ich den Vorgang abschließen?« – »Nein!« »Soll ich Herrn Müller anrufen?« – »Nein!« … Das fühlt sich nicht gut an, oder? Haben Sie also im Hinterkopf, wie es Ihnen selbst gehen würde, wenn jemand ständig zu Ihnen Nein sagt, und versuchen Sie, Sätze zu formulieren, die das Nein als Botschaft enthalten und gleichzeitig auch Wertschätzung für das Anliegen des Kindes transportieren:

» »Ich möchte es jetzt nicht! Erst nach dem Essen!«
» »Heute nicht, morgen gerne wieder!«
» »Das geht nicht, es tut mir leid – ich weiß, dass es dir wichtig ist.«
» »Hier kannst du jetzt nicht rangehen, komm, wir spielen woanders.«

Der Vorteil hierbei ist, dass Sie nicht nur ein Verbot aussprechen, sondern auch Stellung beziehen (»Ich möchte …«), eine Alternative nennen (»… morgen wieder«; »… wir spielen woanders«) und Verständnis äußern (»… es tut mir leid – ich weiß, dass es dir wichtig ist«).

> » WENN WIR EINEN STANDPUNKT VERTRETEN
> UND GLEICHZEITIG VERSTÄNDNIS ZEIGEN,
> SIND WIR MIT KINDERN AUCH IM KONFLIKT VERBUNDEN –
> ES WIRD SO LEICHTER FÜR BEIDE SEITEN. «

Wir müssen Kindern gegenüber unserem Standpunkt nicht Nachdruck verleihen, indem wir sie kritisieren, abwerten und maßregeln. Sie verstehen nämlich sehr schnell, ob wir etwas gut oder weniger gut finden. Wir merken das nur nicht immer sofort, denn sie geben uns keine entsprechende Rückmeldung und sagen nicht: »Danke, liebe Mama, ich bin froh, dass du mich darauf hingewiesen hast.« Manchmal braucht es mehrere Konflikte, bei denen wir uns immer wieder wertschätzend mit unserer Auffassung positionieren müssen und dabei gleichbleibend achtsam sind und die Grenzen wahren, damit die Kinder (wieder) Vertrauen entwickeln. Vertrauen darauf, dass ihre Bedürfnisse nicht übergangen und sie selbst geachtet werden.

Keine Regeln, sondern Verabredungen

Stellen wir – um das Zusammenleben zu organisieren – Regeln auf, impliziert das sofort auch eine Sanktionierung, wenn jemand sich nicht an die Regel hält. Auch Regeln vorbeugend einzusetzen, um Schwierigkeiten aus dem Weg zu gehen, indem man sich dann einfach nur auf eine Regel beruft, halte ich für destruktiv. Denn wenn das Zusammenleben über einen starren (von den Eltern erstellten) Regelkatalog bestimmt wird, sind Kontrolle, Grenzüberschreitung, Strafe und Abwertung unumgänglich. Deshalb halte ich es für sinnvoll, von Regelungen zu sprechen. Ein Familienleben braucht Regelungen, die helfen sollen, dass sich alle wohlfühlen. Hilfreich ist, wenn diese dann in gemeinsamer Abstimmung und im Miteinander gefunden werden können. Regelungen in diesem Sinne sind Verabredungen. Sie werden gemeinsam getroffen und sie sind dynamisch. Das heißt, sie berücksichtigen wechselnde Bedürfnisse aller Beteiligten und können deshalb auch in Absprache mit allen im Alltag erprobt und, wenn nötig, wieder neu angepasst und verändert werden. Ziel ist also, dass es jedem in der Familie so gut wie möglich geht – ist das nicht (mehr) der Fall, darf das angesprochen werden, alle hören einander zu und sind bereit, neue, passendere Verabredungen zu treffen.

Familienrituale wie etwa: »Wir beginnen das Essen am Tisch miteinander« bieten nicht nur eine gemeinsame Struktur, sie stellen auch (Familien-)Werte dar: Wir warten auf jeden, denn jeder ist wichtig; alle in dieser Familie sind wertvoll! Und: Das gemeinsame Essen ist uns als Gemeinschaft wertvoll! So vermitteln Rituale das wichtige Gefühl von Zugehörigkeit und Verbundenheit.

Grenzüberschreitungen lassen sich nicht grundsätzlich vermeiden, denn Menschen haben unterschiedliche persönliche Grenzen, die sich durch individuelle Eigenarten und Befindlichkeiten zeigen. So ist es wichtig, dass wir einander gut kennenlernen, um auch die Grenzen des anderen zu erfahren.

>> UNSERE KINDER SIND EIGENSTÄNDIGE PERSÖNLICHKEITEN. WIR DÜRFEN SIE MIT IHREN EIGENHEITEN, VORLIEBEN UND CHARAKTERZÜGEN KENNENLERNEN UND UNS GENAU AUF UNSER KIND EINSTELLEN. <<

Ähnlich, wie wir unseren Partner kennenlernen, welche Lieblingsfarbe er hat und was er gerne isst, dürfen wir auch unsere Kinder kennenlernen. Das betrifft einerseits ihre Charakterzüge – ob sie beispielsweise schüchtern oder forsch sind, mutig oder eher ängstlich – und andererseits die Frage, was ihnen besonders wichtig ist. Wenn wir wissen, dass für unseren Partner zum Beispiel ein bestimmter Gegenstand eine große Bedeutung hat, dann gehen wir behutsam und vorsichtig damit um. Wir können also auch als Eltern bewusst darauf achten, Demütigungen und Abwertungen nicht ABSICHTLICH und wissentlich herbeizuführen und die Grenzen des Kindes nicht zu verletzen.

Doch im Familienalltag passiert es manchmal – wie im Beispiel von Leas Mutter (siehe Seite 110) –, dass wir den Kindern in unserer Wut genau das »wegnehmen«, was ihnen lieb und teuer ist, etwa die Fernsehzeit und das Treffen mit den Freundinnen. Und das bedeutet Abwertung, denn wir sagen damit: Ich bin mehr wert als du! Und: Du bist es nicht wert, Freude zu erleben. Wir wissen sehr genau, dass den Kindern bestimmte Dinge wichtig und wertvoll sind, und wollen sie bewusst treffen! Anstatt ihnen mit Wertschätzung zu begegnen, demonstrieren wir unsere Macht, demütigen und kränken. Wie jedoch das Beispiel von Lea und ihrer Mutter ebenfalls zeigt (siehe Seite 117), ist es nicht nötig – wir müssen das nicht tun. Wir können mit unseren Kindern auch bei Meinungsverschiedenheiten wertschätzend umgehen.

KONFLIKTE ALS ENTWICKLUNGSMOTOR

Wir wünschen uns alle ein möglichst harmonisches Familienleben. Wenn Menschen zusammenleben, dann sind jedoch Konflikte gar nicht auszuschließen. Sie gehören dazu, und für mich ist nicht die Frage, wie wir Streit und Konflikte vermeiden können, sondern wie wir eine Streitkultur entwickeln und Konflikte miteinander konstruktiv und wertschätzend lösen können.

Konflikte sind dann anstrengend, wenn wir versuchen, sie über

» Strafen (siehe Seite 113–115),
» Belohnung (siehe Seite 142–145),
» Verhöre (siehe Seite 157–159) und
» Vorwürfe (siehe Seite 158–159)

anzugehen. Denn wir lassen so die Ursachen eines Konflikts außer Acht – mit der Folge, dass sich dieser eben nicht löst, sondern verfestigt. Je mehr er sich verfestigt hat, desto schwieriger ist es, ihn zu lösen. Es gilt also, der Ursache auf den Grund zu gehen, den Streit an der Wurzel anzupacken, anstatt an der Oberfläche – dem Verhalten der Kinder – anzusetzen. Dann lassen sich auch viel leichter Lösungen finden. Und: Alle Familienmitglieder – Eltern wie Kinder – können so am Konflikt wachsen, ihre Persönlichkeit weiterentwickeln.

» KONFLIKTE ENTSTEHEN, WENN ZWEI ODER MEHRERE PERSONEN UNTERSCHIEDLICHE BEDÜRFNISSE HABEN. «

Wie aber entsteht eigentlich ein Konflikt? Er entsteht immer dann, wenn unterschiedliche beziehungsweise gegensätzliche Bedürfnisse auftreten und abgeglichen werden müssen. In der Familie passiert das häufig zwischen Eltern und Kindern, oft aber auch unter Geschwistern. Die Bedürfnisse aller Beteiligten zu berücksichtigen und zu achten bedeutet gleichzeitig, wertschätzend miteinander umzugehen. Als Eltern sind wir hier wichtige Vorbilder: Wenn wir wollen, dass unsere Kinder andere Menschen respektieren und mit ihnen wertschätzend umgehen, dann ist es wichtig, dass wir einen wertschätzenden Umgang mit den Kindern pflegen und sie mit uns die Erfahrung machen, dass man Konflikte konstruktiv lösen kann. Das heißt, ihre Grenzen nicht zu übertreten, sondern diese jederzeit zu wahren und zu achten.

> **» WENN KINDER WERTSCHÄTZUNG ERFAHREN, LERNEN SIE AUCH, MIT ANDEREN MENSCHEN WERTSCHÄTZEND UMZUGEHEN. «**

Konflikte sind nicht verwerflich

Wenn Eltern zu mir in die Beratung kommen, dann erlebe ich oft, dass sie Konflikte als etwas Negatives wahrnehmen, fast als sei es eine Schande, dass diese Konflikte überhaupt entstehen und sie als Eltern nicht in der Lage sind, sie zu vermeiden. Im Zusammenleben von Menschen gibt es jedoch immer Konflikte. Sie gehören zum Leben dazu. Die Frage ist also nicht, wie wir sie vermeiden, sondern wie wir sie konstruktiv und wertschätzend lösen können.

Wenn es im Alltag Streit und Auseinandersetzung mit unseren Kindern gibt, reagieren wir meist hilflos und sind erleichtert, wenn wir den Konflikt dann irgendwie »überstanden« haben. Manchmal sitzen wir ihn auch einfach aus und warten, bis sich alles wieder beruhigt hat – bis zum nächsten Streit. Wenn wir uns darüber bewusst werden, dass Konflikte nichts Verwerfliches sind, sondern sie als Chance begreifen, an der unsere Kinder (und wir) wachsen können, dann erübrigen sich Schamgefühle und Hilflosigkeit.

Sie können also in einem ersten Schritt erst einmal Ihre Einstellung zu Konflikten überdenken und gegebenenfalls ändern. Die Fragen auf der folgenden Seite helfen Ihnen dabei.

» Was bedeutet ein Konflikt für mich?

» Verbinde ich damit etwas Negatives?

» Inwiefern beeinflusst meine Einstellung meinen Umgang mit Konflikten? Wie reagiere ich insgesamt auf Konflikte?

» Kann ich in einem Konflikt auch eine positive Kraft sehen?

Tatsächlich gibt es viele POSITIVE ASPEKTE, wenn wir bereit sind, Konflikte konstruktiv zu bewältigen. Sie …

» fördern Selbstbeobachtung und Selbsterkenntnis,

» lassen familiäre Gesamtzusammenhänge erkennen,

» stärken Vertrauen und Zusammenhalt innerhalb der Familie,

» bringen die Bedürfnisse der einzelnen Familienmitglieder ans Licht,

» fördern eine selbstbewusste Persönlichkeit bei allen Beteiligten,

» schulen die Konfliktfähigkeit bei allen Beteiligten.

Gehen Sie es also an!

Familienstreit im Alltag

In Familien gibt es einmalig auftretende Konflikte in außergewöhnlichen Situationen. Etwa wenn das Kind zu einem Geburtstag eingeladen ist und nach der Feier noch bei diesem Freund übernachten will. »Nein!« sagen die Eltern. »Ich will aber!«, das Kind. »Nein!« – »Doch!« – »Nein!« – »Doch!« … Häufiger (und zermürbender) sind jedoch die immer wiederkehrenden, ja beinahe alltäglichen Konflikte.

Lisas Vater ist genervt. »Lisa, es gibt gleich Essen, kommst du bitte und räumst dann auch deine Spielsachen aus dem Wohnzimmer?« Der Vater sagt diesen Satz jeden Abend vor dem Essen und er kennt auch schon die Antwort und weiß, dass das Geschrei gleich groß sein wird. »Gleich«, murmelt Lisa (sechs Jahre) und spielt weiter. Der Vater wird ungeduldig und laut und es kommt zum Streit – wie erwartet. Der Vater räumt schließlich ärgerlich selbst die Spielsachen zur Seite. Lisa tobt und verweigert sich noch mehr: Sie rennt in ihr Zimmer, wirft sich wütend aufs Bett, weint und kommt erst unter gutem Zureden der Mutter wieder heraus zum Aufräumen. Schließlich sitzen doch alle am Abendbrottisch: »Jeden Abend das Gleiche«, schimpft Lisas Vater. »Du weißt doch, dass wir um diese Zeit essen. Muss denn das sein? Jedes Mal so ein Theater!« Lisa schaut stumm und frustriert auf ihren Teller. »Jetzt wollen wir aber wieder gut sein miteinander«, schaltet sich Lisas Mutter erneut ein. Vater und Tochter schauen sich an. Der Konflikt ist erst mal überstanden – bis zum nächsten Abendessen.

Lisas Vater agiert hier – wie wir Eltern das häufig tun – rein auf der Ebene des Verhaltens. Dass hinter Lisas Verhalten ein emotionales Bedürfnis steckt (das Bedürfnis nach liebevoller Zuwendung vonseiten des Vaters), bleibt unbeachtet. Und auch die Gefühle des Mädchens, die sich aus der Missachtung seines Bedürfnisses ergeben (zum Beispiel Wut und Enttäuschung), berücksichtigt er nicht. Das heißt, die eigentliche Ursache des Konflikts wird nicht geklärt und das Kind bleibt mit seinen Bedürfnissen und Gefühlen alleine. Da hilft es auch nicht, wenn Vater und Tochter an der Oberfläche wieder »gut miteinander« sind (also nur aufhören zu streiten).

Bleiben jedoch wesentliche emotionale Bedürfnisse eines Kindes (etwa das Bedürfnis nach Nähe oder das nach Anerkennung) unbeantwortet, ergibt sich unter Umständen langfristig ein gravierender Mangel auf EMOTIONALER EBENE und das Bedürfnis verstärkt sich noch. Auseinandersetzungen häufen sich dann und/oder gewinnen an Intensität. Es ist also wesentlich im Rahmen von Konflikten, auch – oder besser: vor allem – die emotionale Ebene zu berücksichtigen und Reaktionen der Kinder als entsprechende Signale zu lesen.

Wie könnte das im Fall von Lisa und der allabendlichen Konfliktsituation aussehen? Wie sähe hier eine wertschätzende Lösung aus? Statt einfach jeden Tag aufs Neue »zur Tagesordnung« überzugehen, könnte Lisas Vater den Dauerkonflikt nach dem Abendessen oder am nächsten Tag nach der Schule ansprechen.

Der Vater fragt nach dem Abendessen: »Lisa, ich würde gerne mit dir darüber sprechen, dass wir beide immer wieder in Streit geraten, wenn es Essen gibt. Wann können wir uns zusammensetzen?« Lisa schaut erstaunt auf. »Ich putze noch die Zähne und dann, ja?«, erklärt sie sich schnell bereit. Im Gespräch kommt heraus, dass Lisa gern mit ihrem Papa spielen würde, wenn er nach Hause kommt, dass Papa das auch gerne möchte, aber oft die Zeit dafür fehlt. Sie sprechen darüber, dass Lisa enttäuscht und wütend ist, und finden heraus: Papa ebenfalls. Und sie stellen fest, dass sie beide diesen Streit nicht wollen und ziemlich traurig darüber sind. Im weiteren Verlauf des Gesprächs wird dann deutlich, dass Lisa manchmal mehr Zeit braucht, um noch zu Ende spielen zu können und dass der Vater am Abend müde und deshalb manchmal ungeduldig ist. Die beiden merken schließlich, wie gut es tut, sich zu sagen, was man denkt und fühlt, und nehmen sich fest in den Arm. Sie verständigen sich dann darauf, dass sie Zeiten für gemeinsames Spielen finden wollen, am Abend der Vater Lisa jedoch mit etwas zeitlichem Vorlauf daran erinnern darf, dass es gleich Zeit zum Aufräumen ist, und dass er auch versuchen wird, geduldiger zu bleiben. Und Lisa darf sagen, ob sie seine Hilfe benötigt oder alles alleine aufräumen kann.

Übergänge im Familienalltag

Der Wechsel von einer Alltagssituation in die nächste bietet besonders viel Konfliktpotenzial. Das beginnt schon beim Wecken und Aufstehen: Der Übergang zum Frühstück oder zum Anziehen und ins Bad und zum Zähneputzen zieht sich und führt bei Eltern schnell zu Ungeduld. Auch die Vorbereitungen zum Verlassen des Hauses, also Schuhe und Jacke anziehen, Schultasche nicht vergessen ..., bergen Potenzial für Ärger. Ebenso der Übergang von der Spielzeit am Nachmittag zum Abendessen und schließlich das Zubettgehen mit all seinen Vorbereitungen. Doch warum ist das so?

Oft entstehen Konflikte bei diesen Übergängen, weil Kinder ihr eigenes Tempo haben und nicht so vorausschauend sein können wie wir Erwachsene. Sie brauchen deshalb einfach viel mehr Zeit, als wir meist eingeplant haben, um sich innerlich umzustellen, das eine abzuschließen und etwas Neues zu beginnen. Allein wenn Eltern das im Hinterkopf haben, können sie Konfliktpotenzial reduzieren. Sie können dann etwa bewusst noch mehr Zeit einplanen, Übergänge frühzeitig ankündigen, innerlich geduldiger sein und das Kind wertschätzend und unterstützend begleiten.

Natürlich heißt das nun nicht, dass der Konflikt nie mehr auftreten wird. Durch die grundsätzliche NACHBEREITUNG, bei der sich Vater und Tochter darüber austauschen, warum es immer wieder zum Streit kommt, welche Bedürfnisse dahinter liegen und wie sich jeder damit fühlt, haben die beiden jedoch eine gute und intensive Beziehungserfahrung gemacht, sodass sie jetzt erst einmal tiefer miteinander verbunden sind. Auch haben sie so die nächste Aufräumsituation gemeinsam vorbereitet, damit es nicht mehr zum Streit kommen muss. Und: Lisa hat erfahren, dass sie für ihren Vater wichtig ist. So wichtig und wertvoll, dass er sich Zeit nimmt und mit ihr darüber spricht, wie sie es beide anders machen können. Die Atmosphäre eines solchen Gespräches ist WARM und NAH, beide sind offen füreinander und führen einen wertschätzenden Dialog (siehe Seite 160). Es ist ein wunderbarer Wachstums- und Beziehungsmoment für beide!

» WENN WIR ÜBER GEFÜHLE UND BEDÜRFNISSE SPRECHEN, DIE HINTER EINEM KONFLIKT LIEGEN, STEIGT DIE WAHRSCHEINLICHKEIT, IHN AUCH NACHHALTIG LÖSEN ZU KÖNNEN. «

Streit unter Geschwistern

Gerade, wenn es darum geht, Konflikte zu lösen, ist es wesentlich, die Gefühle eines Menschen (ob groß oder klein) zu beachten, ernst zu nehmen und zu verstehen. Das ist aus meiner Sicht das Wesentliche im Umgang miteinander und der Kern einer guten Eltern-Kind-Beziehung. Und es gilt natürlich auch, wenn Geschwister sich streiten. Dann benötigen alle Kinder Wertschätzung und Unterstützung.

Leon ist sieben, sein kleiner Bruder Felix vier Jahre alt. Sie spielen schon seit einiger Zeit in ihrem Kinderzimmer. Plötzlich ist das Geschrei groß. Die Mutter kommt hinzu, geht zu dem Jüngeren, der heftig schluchzt, nimmt ihn in den Arm und fragt zu ihrem älteren Sohn gewandt: »Was hast du gemacht, Leon?«

Leon: »Felix hat mein Puzzle kaputt gemacht.«
Mutter: »Und was hast du gemacht?«
Leon: »Ich habe ihm gesagt, dass er aufhören soll, aber er hat einfach
nicht aufgehört und mich dann auch noch gehauen.«
Mutter: »Und dann?«
Leon: »Hab ich ihm die Eisenbahn weggenommen und ihn geschubst.«
Mutter: »Felix ist kleiner als du! Wir wollen uns doch nicht wehtun!«
Leon (leise mit gesenktem Kopf): »Ja.«

Die Mutter nimmt Leon die Eisenbahn weg und sagt: »Das war nicht in
Ordnung, Leon, du weißt das!« Leon muss sich nun fünf Minuten lang
ruhig auf einen Stuhl in seinem Zimmer setzen. Die Mutter beachtet
ihn derweil kaum, sie beschäftigt sich mit Felix. Leon schaut traurig und
wütend in ihre Richtung. Nach der »Auszeit« darf er den Stuhl verlas-
sen. Seine Mutter lobt sein Verhalten und er darf wieder mitspielen.

In dieser Situation findet die emotionale Ebene keine Berücksichti-
gung. Die Gefühle der beiden Jungs werden nicht thematisiert und der
eigentliche Konflikt bleibt ungeklärt.

»Auszeit« oder »Stiller Stuhl«

Vielleicht kennt der eine oder andere Leser die sogenannte »Auszeit« als Maßnahme, wie sie in der Anfangsphase meiner öffentlichen Arbeit mit Familien angewandt wurde. Sie geht zurück auf ein
Erziehungsprogramm (»Triple-P«), das stark auf Verhaltensanpas-
sung setzt: Ein »Problemverhalten« soll durch bestimmte Maßnahmen sehr schnell durch ein erwünschtes Verhalten ersetzt werden.
Auch in pädagogischen Ratgebern wird die »Auszeit« immer wieder ganz konkret empfohlen, zum Beispiel von Annette Kast-Zahn
in ihrem Buch »Jedes Kind kann Regeln lernen«: »Vielen Kindern
hilft der ›Stille Stuhl‹, sich wieder an die Familienregeln zu erinnern. Sie wollen lieber nach kurzer Zeit weiterspielen, statt eine
Auszeit in einem anderen Zimmer zu riskieren. Deshalb ist der
›Stille Stuhl‹ eine sanfte und trotzdem effektive Konsequenz.«

Für mich hat diese Methode pädagogisch und entwicklungspsychologisch gesehen ausschließlich destruktive Aspekte: Das Kind wird nicht nur massiv in seiner Autonomie eingeschränkt (siehe Seite 66), sondern auch gekränkt, abgewertet und gedemütigt. Zwischen den Zeilen kommt außerdem eine fatale Grundbotschaft beim Kind an: »Ich will, dass du meine Grenze wahrst, deine persönliche Grenze hat jedoch keine Bedeutung für mich!« Wenn wir aber wollen, dass Kinder lernen, mit uns und anderen wertschätzend umzugehen, dann dürfen wir eine Grenzüberschreitung ihrerseits nicht selbst mit einer Grenzüberschreitung beantworten.

Die Mutter von Leon und Felix hat ausschließlich auf der Verhaltensebene agiert und folgende Fragen geklärt: Wer hat was getan und was gesagt? Wer aber was und warum gefühlt hat und welche emotionalen Bedürfnisse hinter dem Streit der beiden Geschwister liegen, bleibt hier völlig unberücksichtigt. Und sie hat Leon bestraft, ist also nicht wertschätzend, sondern abwertend mit ihm umgegangen. Leon erhält von seiner Mutter folgende Botschaften:

» Ich bin hier so, wie ich bin, mit meiner Persönlichkeit und meinen Anliegen, nicht erwünscht. Ich bin weniger wert!

» So, wie ich bin, werde ich nicht geliebt und nicht anerkannt.

» Meine Gefühle sind nicht wichtig und nicht richtig.

» Meine Bedürfnisse werden ignoriert.

Der eigentliche Konflikt zwischen Leon und seinem Bruder wird so nicht geklärt und die beiden werden vermutlich bald wieder in Streit geraten. Kinder, die aggressiv werden, fühlen sich außerdem ohnehin schon nicht anerkannt, empfinden sich als Störenfriede und Außenseiter (siehe auch Seite 107). Deshalb wirken diese Botschaften verstärkend auf den Konflikt und das Verhalten der Kinder kann sich noch verschärfen. Weiterer Ärger ist also vorprogrammiert. Zudem hat es Leon als das erstgeborene Kind ohnehin schon nicht leicht. Denn ältere Geschwister fühlen sich durch die Geburt des zweiten Kindes einerseits zurückgesetzt und abgewertet, möchten andererseits aber auch das Geschwisterchen lieben und zur (veränderten) Familie dazugehören.

Geschwisterkinder

Während das erste Kind in eine Paarbeziehung hineingeboren wird, kommt jedes weitere Kind in eine bereits bestehende Familie. Die gesamte Konstellation verändert sich mit Ankunft des Neugeborenen, alle Familienmitglieder müssen sich neu sortieren. Neben der Notwendigkeit, eine neue Rolle finden zu müssen, ist diese Phase für das ältere Kind vor allem von schmerzhaften Verlustgefühlen geprägt. Während sich alle Familienmitglieder und die Umwelt über das neue Geschwisterkind freuen, spürt das ältere Kind mit Geburt des Geschwisterchens vor allem den Verlust der exklusiven Beziehung zu seiner Mutter.

So stürzt das ältere Kind in ein Gefühlschaos und einen unlösbaren inneren emotionalen Konflikt: Es fühlt loyal mit seiner Mutter, spürt die Freude der Eltern über das weitere Kind, sodass es einerseits den Drang hat, sich mitfreuen zu wollen. Andererseits begleiten das ältere Kind aber eben auch ganz andere Gefühle, nämlich eine tiefe Verunsicherung, Trauer, Wut, Schmerz und Angst sowie das Gefühl, nicht wertvoll zu sein.

Mit diesen widerstreitenden Gefühlen muss das ältere Geschwisterkind umgehen. Mal kann es die Gefühle verbergen und mal ist auch die Freude im Vordergrund. Es wird aber auch Momente geben, in denen die VERLUSTGEFÜHLE und die Wut deutlich spürbar sind. Der Schmerz zeigt sich bei kleineren Kindern eher in aggressivem Verhalten und heftigen Gefühlsausbrüchen, weil sie ihre Emotionen noch nicht in Worte fassen können. Größere Kinder dagegen, die schon vertrauter sind mit den Verhaltenserwartungen des sozialen Umfelds, äußern ihre EIFERSUCHT vermutlich nicht explizit, obwohl sie ihre Gefühle bereits verbalisieren könnten. Aber sehr wahrscheinlich sind auch sie emotional verunsichert, befinden sich in ständiger Konkurrenz und streiten daher viel mit ihren Geschwistern. Wesentlich ist, dass Eltern die Gefühle der älteren Kinder nicht bagatellisieren und deren Signale beachten und ernst nehmen.

Die großen Geschwister brauchen nicht nur in den ersten Monaten, nachdem das Neugeborene dazugekommen ist, viel Zuneigung, Wärme und Körperkontakt, sondern auch die Jahre danach. In manchen Familien sind Geschwisterrivalitäten immer mal wieder spürbar. Eltern können hier die Gefühle ansprechen und Verständnis zeigen: »Du ärgerst dich, dass du nicht alleine spielen kannst. Das kann ich gut verstehen.« Oder: »Ja, es stimmt, früher hatte ich mehr Zeit für uns beide, das tut mir leid und ich vermisse das auch. Ich möchte eine Zeit finden, in der nur wir zwei zusammen sind, so wie früher.« Den Gefühlen der größeren Kinder wird so Raum gegeben. Sie spüren dann: Mein Gefühl ist okay, ich darf meine Trauer und meine Angst zeigen und auch wütend sein. Meine Eltern lieben mich trotzdem.

» KINDER BRAUCHEN DIE SICHERE UND KONSTANTE ERFAHRUNG, DASS KONFLIKTLÖSUNGEN OHNE ABWERTUNG UND GRENZÜBERSCHREITUNG MÖGLICH SIND. «

Wenn wir also nun wissen, wie wichtig es ist, die hinter einem Konflikt liegenden Bedürfnisse und Gefühle zu berücksichtigen, wie könnte die Mutter von Leon und Felix bei der Lösung unterstützen? Schauen wir uns die Situation noch einmal an.

Die Mutter kommt hinzu, geht zu dem Jüngeren, der heftig schluchzt, nimmt ihn in den Arm und fragt zu ihrem älteren Sohn gewandt: »Was habt ihr miteinander, Jungs?«

Leon: »Felix hat mein Puzzle kaputt gemacht.«
Mutter (schaut Leon offen an): »Und das hat dich geärgert?«
Leon: »Ja, sehr! Ich habe ihm gesagt, dass er aufhören soll, aber er hat nicht aufgehört.«
Mutter: »Und dann?«
Leon: »Dann hab ich mich noch mehr geärgert und bin richtig wütend geworden!«

Mutter: »Weil er gar nicht auf dich gehört hat?«
Leon: »Ja, weil er gar nicht auf mich gehört hat. Und dann hat er mich auch noch gehauen und da habe ich ihm die Eisenbahn weggenommen und ihn geschubst.« (Leon senkt seinen Kopf.)
Mutter (wendet sich nun Felix zu, der mittlerweile nicht mehr weint): »Und dann hast du dich geärgert?«
Felix (nickt mit dem Kopf): »Ja, ich wollte, dass Leon mit mir und der Eisenbahn spielt und nicht immer nur mit dem doofen Puzzle.«

»Hauen und schubsen ist für mich keine gute Lösung. Aber ich kann verstehen, dass ihr euch beide geärgert habt«, sagt die Mutter und schaut ihre beiden Söhne dabei an. »Und jetzt?«, fragt sie. Es entsteht eine kurze Pause. »Jetzt liegt Ärger in der Luft«, stellt sie fest. Die Jungs schauen sich an. »Ich will mit dir spielen!«, ruft Felix. Leon schaut seinen Bruder an. »Na, dann mach ich jetzt noch fünf Puzzleteile und dann spielen wir zusammen Eisenbahn, ja, Felix?« – »Ja«, sagt Felix und strahlt. Die Mutter verlässt das Kinderzimmer.

Felix und Leon machen hier wichtige soziale und emotionale Erfahrungen. Sie sind in Streit geraten und werden von ihrer Mutter bei der Konfliktlösung begleitet. Die Begleitung besteht hier darin, die Gefühle (Ärger und Wut) der beiden Jungs zu benennen und so den dahinterliegenden Bedürfnissen Raum zu geben: Bei Leon ist es das Bedürfnis nach Autonomie – er will alleine und selbstständig sein Puzzle machen; bei Felix ist es das Bedürfnis nach Nähe und Zugehörigkeit – er will mit seinem Bruder Leon spielen. Beide Kinder haben sich in dieser Variante der Geschichte mit ihrem jeweiligen Anliegen von der Mutter gehört gefühlt. Und das Wesentliche dabei: In dieser Situation haben die Jungs für sich dann selbst eine gute Lösung finden können.
Wir können also im Umgang mit unseren Kindern ohne Strafen auskommen. Wichtig ist vor allem, dass wir Kindern bei einer Grenzüberschreitung ihrerseits nicht selbst mit einer Grenzüberschreitung begegnen, dass wir sie nicht kränken. Nur so können Kinder gute Beziehungserfahrungen machen und nur so kann aus einem abwertenden Umgang miteinander Wertschätzung füreinander erwachsen.

AHA-EFFEKTE

- Erzieherische »Konsequenzen« sind Strafen im neuen Gewand; die Prinzipien und Mechanismen sind jeweils dieselben.
- Strafen manipulieren Kinder auf der Verhaltensebene und richten Schäden im emotionalen Bereich an – Gefühle und Bedürfnisse werden ignoriert, das Kind muss sie verdrängen und seine Grenzen werden verletzt.
- Strafen verhindern eine persönliche Auseinandersetzung zwischen Eltern und Kind und somit eine nachhaltige Lösung des Konfliktes.
- Wenn Eltern strafen, missbrauchen sie ihre elterliche Macht. Außerdem wird die Beziehung beschädigt und das Vertrauen zueinander gestört.
- Wenn wir Kindern mit Strafen und Konsequenzen begegnen, empfangen sie die Botschaft, dass sie so, wie sie sind, nicht geliebt und anerkannt sind. Das ist schädlich für die Entwicklung des Selbstwertgefühls.
- Eltern können sich durch ein liebevolles Nein ihren Kindern gegenüber klar und wertschätzend positionieren und müssen ihre elterliche Macht nicht missbrauchen.
- Wertschätzung heißt auch, die Persönlichkeit sowie die individuellen Eigenschaften und Charakterzüge von Kindern beim Umgang mit Konflikten zu berücksichtigen.
- Konflikte gehören zum Familienalltag dazu und sind nicht negativ zu bewerten, sondern als Entwicklungsmotor zu sehen.
- Konflikte können nachbereitet werden, indem wir die Ursachen und dahinterliegenden Bedürfnisse erforschen und ansprechen. Gleichzeitig kann so auch die entsprechende Situation, in der ein Konflikt häufig entsteht, neu strukturiert werden.

5

VERTRAUEN

— statt —

KONTROLLE

Eltern wollen, dass ihre Kinder ein starkes Selbstwertgefühl und großes Selbstvertrauen erlangen. Das gelingt aber nicht, wenn wir sie ständig kontrollieren – was im Alltag häufig passiert. Um Vertrauen in sich selbst zu entwickeln und sich selbst wertzuschätzen, müssen Kinder die Erfahrung machen, dass wir Eltern ihnen vertrauen und dass sie uns vertrauen können.

WIE ES HÄUFIG IST: VERTRAUEN FÄLLT SCHWER

Mehr in die Entwicklung der Kinder zu vertrauen, in das, was sie mitbringen und was von Natur aus in ihnen angelegt ist: in unserer heutigen Leistungsgesellschaft eine große Herausforderung für uns Eltern. Schließlich soll aus unserem Kind etwas werden. Auch deshalb lassen wir uns im Familienalltag immer wieder dazu verleiten, lieber stetig zu kontrollieren, anstatt auf die Fähigkeiten der Kinder zu vertrauen und sie so in ihrem Selbstwert zu bestärken und wachsen zu lassen.

Angespannt sitzen die Eltern von Simon mir in meiner Praxis gegenüber. Simon ist zehn Jahre alt und geht in die 5. Klasse. Seine Eltern sind beide nervös nach dem gerade vollzogenen Schulwechsel. Sie fragen sich, ob ihr Sohn den Leistungsanforderungen der neuen Schule gerecht werden kann. Sie sind besorgt und wirken auch ärgerlich darüber, wie es zu Hause läuft. Sie sind unzufrieden mit dem, was Simon für die Schule leistet, und auch seine Pflichten im Familienleben vernachlässigt er. Simons Eltern haben deshalb einen detaillierten Plan für ihn und seine täglichen Aufgaben erstellt. Auf meine Nachfrage beschreiben die Eltern ihren Sohn wie folgt:

»Simon schafft es oft nicht, auch bei sich wiederholenden Aufgaben (morgens Aufstehen, Körperpflege, Anziehen, Frühstücken) diese selbstständig im geforderten Zeitrahmen durchzuführen. Er trödelt und lässt sich leicht ablenken. Oft macht er dann, was für ihn in diesem Moment gerade wichtig ist – lesen, Handy checken zum Beispiel –, obwohl er weiß, dass wir in kürzester Zeit das Haus verlassen müssen.

Simon hat keine Ordnungsstrukturen. Er schafft es nicht eigenständig, seine schulischen Unterlagen für den jeweiligen Tag bereitzuhalten, obwohl er eine ausgeprägte Merkfähigkeit besitzt – allerdings nur für

Dinge, die ihn interessieren. Es kommen immer wieder Beschwerden über sein Schriftbild bei den Hausaufgaben. Erst nach entsprechender Rückmeldung durch die Lehrer oder uns schafft er es, im Rahmen von Nacharbeiten ein hinreichendes Ergebnis zu erzielen.«

Simons Eltern erzählen außerdem, dass sie vor ein paar Monaten ein Belohnungssystem eingeführt haben. So können die drei Geschwister durch Hilfe im Haushalt (Spülmaschine ausräumen, Tisch decken) und Erledigungen ihrer Aufgaben (Zimmer aufräumen, Hausaufgaben machen) Punkte sammeln und diese später gegen Belohnungen eintauschen. Mal wird dann die PC-Zeit verlängert und mal sammelt Simon für einen Kinobesuch. Zu Beginn habe es ganz prima geklappt. Alles habe besser funktioniert und sei gut zu kontrollieren gewesen. Zunehmend jedoch habe Simon das Interesse verloren. Die Stimmung zu Hause sei nun schlecht und die Aufgaben würden liegen bleiben.

Alle müssen funktionieren

Ich erlebe immer wieder Eltern, die einen sehr durchstrukturierten und straffen Tagesablauf für sich und ihre Kinder planen. Das ist in der heutigen Zeit nachvollziehbar, denn Berufstätigkeit und Familie müssen unter einen Hut gebracht, viele verschiedene Termine berücksichtigt und zahlreiche Wege am Tag bewältigt werden. Kinder sollen in diesem oft stressigen Alltag auch Pflichten übernehmen. Das ist ebenfalls verständlich – Eigenverantwortung gehört ja auch mit zu den Dingen, die wir Kindern mit auf ihren Weg geben wollen. Schließlich sollen sie sich ja später auch selbst organisieren können. Oft bleibt allerdings wenig Zeit dafür, alles in Ruhe anzugehen. Deshalb sollen alle Familienmitglieder »funktionieren«, was aber den STRESS eher verstärkt und zu einer angespannten Atmosphäre in der Familie führt. Eltern üben dann häufig über ihre Kinder eine engmaschige Kontrolle aus und neigen dazu, diese bei Stress noch zu verstärken. So geraten sie schnell in Machtkämpfe mit den Kindern. Meine Erfahrung ist: Wir vertrauen oft zu wenig in die Fähigkeiten der kleinen Menschen und geben ihnen viel zu wenig Zeit und Raum für eigene Erfahrungen. Auch haben wir oft viel zu hohe ERWARTUNGEN an die Leistungen unserer Kinder. Das zieht immer wieder Ermahnungen nach sich, was wiederum bei uns Eltern zu einer Art Dauerenttäuschung führt. Wir wenden dann immer noch mehr Energie für Kontrolle, Überprüfung und Überwachung auf, damit die Kinder ihre Aufgaben und Pflichten erledigen. Noch mehr Stress und Machtkämpfe sind die Folge – die Spirale ist in vollem Gang und das Familienleben empfinden alle Beteiligten in erster Linie als anstrengend und belastend. Doch das ist eigentlich nicht, was wir wollen, oder?

Nicht selten werden in diesem Zusammenhang Belohnungssysteme eingesetzt, um Kinder zu motivieren, ihren Pflichten – wie Mithilfe im Haushalt oder Schularbeiten selbstständig erledigen – nachzukommen.

Lob und Belohnung sollen helfen

»Kinder brauchen Lob!«, hören Eltern immer wieder. In manchen Ratgebern wird den Lesern die Frage gestellt: »Wie oft haben Sie Ihr Kind heute schon gelobt?«, meist sogar verbunden mit dem Hinweis, dass Kinder so und so viel Lob am Tag von ihren Eltern benötigen, um ein Selbstwertgefühl und Selbstvertrauen zu entwickeln. Ja, ein starkes Selbstbewusstsein brauchen Kinder, um gut durchs Leben zu kommen und Herausforderungen zu meistern. Aber was bewirkt es eigentlich tatsächlich, was geschieht zwischen den Zeilen und welche Botschaften senden wir, wenn wir unsere Kinder loben, so wie wir einen Hund kraulen, wenn er brav das Stöckchen apportiert?

Wenn Kinder Belohnungen für ein bestimmtes Verhalten oder eine erbrachte Leistung erhalten, ist dies aus entwicklungspsychologischer Sicht nicht sinnvoll, denn Belohnungen …

» sind ein Misstrauensantrag an das Kind – Botschaft: Du kannst es nicht ohne! Ich traue es dir (eigentlich) nicht zu!

» halten das Kind unselbstständig – Botschaft: Nur durch ein Signal von außen erreichst du etwas.

» sind Motivation von außen – Botschaft: Du hast selbst keinen Antrieb, etwas zu erreichen.

Stellen Sie sich vor, Ihr Mann oder Ihre Frau würde Sie jedes Mal, wenn Sie etwas »richtig« oder »gut« gemacht haben, belohnen: Nach dem Kochen, Aufräumen oder Putzen gibt es jedes Mal ein Sternchen! Und bei fünf Sternchen einen Blumenstrauß. Klingt lustig. Was jedoch passiert: Die Beziehung wird UNPERSÖNLICH, alltägliches Miteinander zum Tauschgeschäft. Kinder stellen sich dann schnell auf diese Form der Beziehung ein und fragen: »Was bekomme ich dafür, wenn ich den Tisch abwische, wenn ich dir einen Gefallen tue …?« Das heißt, sie erwarten dann (zu Recht, weil wir es so vorgeben) für alles, was sie tun, eine Belohnung beziehungsweise eine GEGENLEISTUNG.

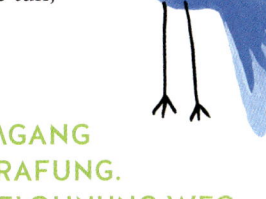

» BELOHNUNGEN SIND EIN MANIPULATIVER UMGANG MIT KINDERN UND EINE FORM DER BESTRAFUNG. DENN LASSEN WIR DIE BELOHNUNG WEG, KOMMT DAS EINER STRAFE GLEICH. «

Der eigene innere Entwicklungsmotor gerät ins Stocken

Wenn wir Kinder loben und belohnen, entsteht eine fragwürdige emotionale Abhängigkeit, die das Kind unselbstständig hält und daran hindert, eigene Verantwortung für sein Handeln zu übernehmen. Wenn wir ein Kind nämlich loben oder belohnen, weil es zum Beispiel im Haushalt hilft, vermitteln wir ihm die Botschaft: »Es ist keine Selbstverständlichkeit, dass wir uns gegenseitig helfen.« Und: Kinder streben ja nach Verantwortung und Selbstständigkeit (siehe Seite 95). Sie wollen sich nicht wegen uns Eltern selbst anziehen, sie wollen nicht für uns das Fahrradfahren lernen, sondern weil sie es aus sich heraus wollen, weil sie selbstständig werden und wie andere Kinder sein möchten. Wenn ein Kind in seiner Entwicklung für bestimmte Schritte bereit ist, wird es diese auch tun und beispielsweise trocken werden (siehe Seite 87). Wir sollten sein eigenes inneres Bedürfnis danach nicht durch Belohnung des von uns erwünschten Verhaltens oder durch elterliche BESTECHUNG ersticken.

Eine Gefahr besteht zudem darin, dass sich bei einem Kind durch beständiges Loben und Belohnen die Einstellung bilden kann, es müsse nichts tun, wenn es keine Belohnung dafür gibt. Ein Eigentor für die Eltern und fatal für die Kinder. Denn die persönliche, emotionale Beziehungsebene tritt im Zuge dessen immer mehr in den Hintergrund. Kinder werden so also nicht nur in ihrer Selbstständigkeitsentwicklung gehemmt, sondern laufen Gefahr, durch diese Erfahrungen in anderen Beziehungen (etwa zu Mitschülern oder Sportfreunden) eher berechnend und strategisch zu agieren statt hilfsbereit und empathisch.

» DIE ENTWICKLUNGSPSYCHOLOGIE GEHT DAVON AUS, DASS KINDER VON SICH AUS SELBSTSTÄNDIG WERDEN UND AUS SICH HERAUS SELBST HANDELN WOLLEN. «

Kinder tragen also den Motor für ihre Entwicklung in sich und benötigen dafür keine Motivation von außen. Das Verführerische an Belohnungsmaßnahmen und -systemen ist allerdings, dass sie häufig funktionieren. Vor allem, wenn Eltern unter Druck geraten, etwa im Hinblick auf die schulische Leistung ihres Kindes, ist die Wahrscheinlichkeit hoch, dass sie im Schulalltag ein solches System einsetzen, um ihr Kind zu motivieren. Das heißt, zunächst erfolgt die Kontrolle, und stellt sich dann (vermeintlicher) Erfolg ein, folgen Lob und Belohnung.

Wenn wir jedoch Kinder kontrollieren und belohnen, agieren sie irgendwann nicht mehr aus sich selbst heraus. Der eigene »Entwicklungsmotor« gerät ins Stocken, sie verlassen sich mehr und mehr auf den »Außenmotor«. Außerdem bewegen wir uns mit dem System »Kontrolle und Belohnung« rein auf der Verhaltensebene. Der WERT des Menschen an sich und die PERSÖNLICHKEIT geraten in den Hintergrund. Es werden also nicht nur Eigenständigkeit und Selbstmotivation beeinträchtigt, auch können das Selbstvertrauen und das so wichtige Selbstwertgefühl (siehe Seite 146) nicht gesund wachsen.

Kontrolle und Belohnung greifen zu kurz

Ich kann gut verstehen, dass Eltern lieber kontrollieren, und weiß, wie schwer es ist, loszulassen und wirklich in die Fähigkeiten seiner Kinder zu vertrauen. Häufig werden wir von außen auch noch dazu angehalten, unsere Kinder intensiver zu überwachen und noch besser zu überprüfen. Es genügt schon ein Elternabend oder die Bitte des Lehrers, mehr darauf zu achten, dass das vollständige Arbeitsmaterial im Schulranzen ist und die Hausaufgaben ordentlich gemacht sind. Schon reagieren wir mit strafenden oder die Kinder vermeintlich stärkenden Erziehungsmethoden, um die »Sache in den Griff« zu bekommen. Aber bedenken Sie: Kontrolle und Belohnung verschaffen uns Eltern nur kurzfristig ein gutes Gefühl durch den so erreichten Erfolg, belasten jedoch langfristig vor allem die Beziehung. Unser Vertrauen ist für Kinder und ihre Entwicklung in jeder Hinsicht besser.

Was im Gehirn geschieht

Beim Lernen und wenn wir Erfahrungen in der Welt machen, belohnt sich das Gehirn für jeden Erfolg selbst. Ein spannendes Phänomen, dem die Forscher weltweit auf der Spur sind. Wenn dieses Belohnungssystem im Gehirn – eine bestimmte Region des Mittelhirns – besonders angesprochen wird, werden die Nervenzellen dort aktiviert und schütten den Botenstoff Dopamin aus. Wenn wir also etwas erreicht haben, dann findet in unserem Gehirn eine Dopaminausschüttung statt, die uns ein Glücksgefühl verschafft: die Freude über den Erfolg. Und weil sich das so gut anfühlt, verlangen die Hirnzellen nach mehr Erfolg, mehr Dopamin!

Der eigene innere Antrieb, etwas erreichen zu wollen, und die Art und Weise der Motivation spielen hier – gerade auch in der Entwicklung von Kindern – eine wichtige Rolle: Die Erfahrung zeigt nämlich, dass Erfolge, die an eine Belohnung (etwa an Süßigkeiten) geknüpft sind, also durch eine Motivation von außen entstanden sind, nur eine sehr kurzfristige Dopaminausschüttung herbeiführen und wenig nachhaltig sind. Wenn jedoch der Erfolg aus der eigenen inneren Motivation heraus entstanden ist, sind das Glück und die Freude tiefer und das Gefühl wird insgesamt als nachhaltiger erlebt. So speist sich das Selbstwertgefühl aus genau diesem eigenmotivierten Erfolg, verankert sich tief im Gehirn und lässt Menschen innerlich wachsen.

SELBSTVERTRAUEN UND SELBSTWERT STÄRKEN

Wenn wir in Kinder vertrauen, können wir ihren Selbstwert stärken und ihr Selbstvertrauen wachsen lassen. Diese beiden Begriffe werden manchmal verwechselt oder sind auch in ihrer Bedeutung unklar. Zu wissen, was genau damit gemeint ist, scheint mir jedoch wichtig, wenn es um ein beziehungsorientiertes Eltern-Kind-Verhältnis und das gesunde psychische und physische Aufwachsen unserer Kinder geht.

Du bist okay, so wie du bist

Das Selbstwertgefühl bezieht sich auf die Frage: Wie viel Wert habe ich als Mensch, der ich bin? Wie viel bin ich selbst wert? Bin ich wertvoll und wichtig? Wesentlich zu wissen ist nun, dass Kinder diesen Wert ihres eigenen Selbst nur im Kontakt mit ihren Eltern und nur dann erleben können, wenn sie von ihnen immer wieder die Botschaft empfangen: »Du bist einzigartig und (mir) als Mensch wichtig und wertvoll.« Kurz: »Du bist okay, so wie du bist.«

Wenn der Selbstwert beeinträchtigt ist

Erfahren Kinder dieses Gefühl nicht oder nicht konstant, kann sich das Selbstwertgefühl nicht stetig entwickeln oder wird beeinträchtigt. Wenn Menschen einen schwachen Selbstwert haben, geben sie schnell auf, trauen sich nichts zu, sie machen sich selbst klein und schlecht: »Ich bin ein Versager.« »In allem bin ich schlecht.« »Mir gelingt nichts!« »Alle anderen sind besser als ich.« »Ich bin nichts, ich kann nichts.« Solche negativen Glaubenssätze verankern sich tief im Lauf der kindlichen Entwicklung, wenn der Selbstwert sich nicht ausbilden kann.
Die emotionale Botschaft an Kinder, dass sie so, wie sie sind, richtig sind und akzeptiert werden, ist also essenziell bedeutsam und Samen und Nahrung zugleich. So kann diese Botschaft im Selbst unserer Kinder aufgehen und der Selbstwert wachsen.

Wie Vertrauen in die eigenen Fähigkeiten entsteht

Das Selbstvertrauen bezieht sich auf unsere Fähigkeiten, mit denen wir unsere Aufgaben und Herausforderungen in den verschiedenen Bereichen des Lebens angehen können. Voraussetzung für ein gutes Selbstvertrauen ist eine gute Selbsteinschätzung. Dafür ist es wichtig, dass Kinder sich selbst, ihre eigenen Vorlieben, ihre Fähigkeiten, Charaktereigenschaften und Eigenheiten kennenlernen dürfen. Wer bin ich eigentlich? Was mag ich gerne? Was kann ich gut? Was ist mir wichtig? Dies gelingt vor allem dann, wenn wir Kinder bei ihren Aufgaben und Wegen begleiten und unterstützen und ihnen entsprechende eigene Erfahrungen zugestehen – das heißt auch, ihnen vertrauen.

Vertrauen in seine EIGENEN FÄHIGKEITEN zu entwickeln und Vertrauen in das eigene SELBST zu haben ist eine gute Kombination, um den Herausforderungen des Lebens begegnen und eigenständig Strategien für sich entwickeln zu können. Das verhindern wir jedoch, wenn wir unseren Kindern sagen, was sie wie machen sollen, sie kontrollieren und ihnen nicht vertrauen. Denn sie können dann ihre Erfolge nicht für sich selbst verbuchen. Genau das ist aber wichtig, wenn Selbstwert und Selbstvertrauen stetig wachsen sollen.

Kinder nicht in Systeme pressen

Wie ging es nun mit Simon weiter (siehe Seite 140)? Seine Eltern kamen in regelmäßigen Abständen zur Beratung. Sie haben die gesamte Situation analysiert, überlegt, warum sie selbst so unter Druck geraten sind, und ihre Erwartungen an Simon überprüft. Sie haben ihn gefragt, was ihm in seinem Alltag wichtig ist, und dabei viel über das, was ihn bewegt, erfahren, etwa dass er grundsätzlich nicht so gerne in die Schule geht. GEMEINSAM wollen sie nun ohne strenge Vorgaben die Hausaufgabensituation neu gestalten. Sie wollen individuelle, vertrauensvolle Wege finden und nicht weiter mithilfe eines Belohnungssystems arbeiten. »Am Anfang war es nicht leicht, die Kontrolle loszulassen und mehr Vertrauen zu wagen«, berichtete die Mutter. Und der Vater machte die Erfahrung: »Ich kann Simon insgesamt viel besser verstehen. Er ist sogar ganz ähnlich wie ich. Das habe ich durch die ganzen Erwartungen, die wir dauernd an ihn herangetragen haben, gar nicht richtig bemerken können.« Das Gesamtresümee lautet: »Es klappt nicht immer alles, wie es soll, aber wir ziehen jetzt alle gemeinsam an einem Strang. Die Atmosphäre zu Hause ist dadurch viel besser und Simon kommt zu uns, wenn er Unterstützung braucht. Darauf vertrauen wir.«

RÜCKENSTÄRKUNG
Sie dürfen Vertrauen haben!

Sie wissen nun, dass Kinder sich aus sich selbst heraus entwickeln, dass sie eigene Erfolgserlebnisse brauchen, damit ein gesunder Selbstwert entstehen und auch Selbstvertrauen wachsen kann. Kontrolle, Belohnung und Lob im Umgang mit Ihrem Kind, gerade auch im Zusammenhang mit Schule, sind also überflüssig. Lassen Sie sich als Eltern nicht von Ihrer Umwelt unter Druck setzen. Ich möchte Sie bestärken und ermutigen: Ihr Kind ist so, wie es ist, genau richtig. Es bemüht sich, so gut es kann, und hat noch keine erprobten Strategien, um sich zum Beispiel den schulischen Aufgaben zu stellen. Diese Strategien darf es erlernen. Dafür muss es sich jedoch selbst kennenlernen dürfen und braucht Sie als Eltern vertrauensvoll an seiner Seite. Vertrauen Sie also in sich selbst als Eltern und Ihre eigenen Fähigkeiten, Ihr Kind gut zu begleiten. Und: Setzen Sie auch Vertrauen in Ihr Kind. Schauen Sie auf seine Fähigkeiten und seine Persönlichkeit und bleiben Sie mit ihm im Gespräch darüber, was es braucht. Nur dann können Sie gemeinsam ausprobieren, welche Strategien für Ihr Kind hilfreich sind und welche sich auch gar nicht bewähren.

Bestärken ist besser als loben

Der Grund, warum loben kurzfristig funktionieren kann, ist der, dass Kinder sich nach Anerkennung durch uns sehnen. Wenn wir loben, dann nutzen wir unbewusst diese emotionale Abhängigkeit der Kinder aus. Und es macht den Alltag für uns ja auch etwas leichter, wenn Robin sein Spielzeug schön aufräumt oder Annika sich alleine die Schuhe anzieht. Kinder spüren die Manipulation zwischen den Zeilen aber irgendwann und verweigern sich dann auch unter Umständen. Das elterliche »Toll gemacht« hat ja nichts mit ihnen zu tun.

Ein dreijähriges Mädchen läuft über den Spielplatz, breitet die Arme zum Flieger aus und ruft zu seiner Mutter, die auf einer Bank am Rand sitzt: »Mama, guck mal!« Die Mutter lächelt ihrer Tochter zu und ruft zurück: »Super, meine Kleine, du bist ja ein Flugzeug! Das machst du ganz toll.« Kurz darauf winkt ein fünfjähriger Junge seinem Vater von der Rutsche aus zu und möchte, dass sein Papa zu ihm herüberschaut. »Hey«, ruft der Vater und legt seine Zeitung zur Seite, »das ist ja super, du kannst ja rutschen! Und gleich noch mal!«

Ist es wirklich so großartig, wenn eine Dreijährige Flugzeug spielt? Ist es Grund für überschwängliches Lob, wenn ein Fünfjähriger auf das Klettergerüst steigt oder rutscht? Eigentlich doch nicht. Obwohl wir glauben, unsere Rückmeldung im besten Sinne der Kinder zu geben, besteht hier ein Missverständnis. Denn zunächst wollen Kinder nur in ihrem SOSEIN bestätigt werden und die Wahrnehmung ihrer Welt mit uns teilen. »Guck mal«, heißt also nicht: »Guck mal, wie toll ich bin«, sondern: »Guck mal, hier bin ich. Nimmst du mich wahr?«
Kinder fühlen sich durch Lob nicht um ihrer selbst Willen geliebt, sondern wegen einer Leistung, die sie erbringen. Sie können so in einen ungesunden »Leistungsstress« geraten, nur um uns zu gefallen. Das wäre fatal. Außerdem besteht die Gefahr, dass Kinder das Interesse an den Dingen verlieren, für die sie gelobt werden. Lobt man sie zum Beispiel häufig für Großzügigkeit oder Hilfsbereitschaft, hören sie auf zu teilen oder zu helfen. Es würde also völlig ausreichen, wenn die Eltern auf dem Spielplatz ein kleines Signal geben, ein Winken, ein Lachen, ein »Hallo, ich sehe dich«. Das stärkt Kinder in ihrem Selbst und lässt sie gleichzeitig emotional auftanken. Wir müssen überhaupt nicht bewerten, um zu ERMUTIGEN. Und wenn Kinder froh und stolz auf etwas Geleistetes sind, dann ist es folgende Botschaft, die sie bestärkt: »Ich freue mich sehr mit dir, dass du das geschafft hast.«

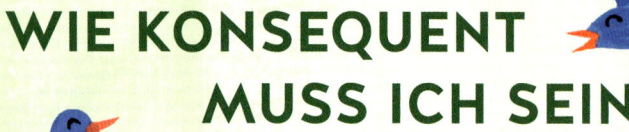

WIE KONSEQUENT MUSS ICH SEIN?

Im Zusammenhang mit dem Thema Kontrolle taucht häufig auch die Frage auf: Wie konsequent müssen Eltern in der Erziehung eigentlich sein? Kontrolle bedeutet ja auch, dass wir Eltern etwas durchsetzen wollen – und dazu muss man konsequent sein. Aber ist es wirklich notwendig, »sich durchzusetzen« und »konsequent zu sein«? Und wenn ja, in welchem Ausmaß und wann darf ich Ausnahmen machen?

Immer wieder werden Eltern von Ratgebern und/oder von Erziehern oder Lehrerinnen dazu aufgefordert, bestimmte Regeln oder die eigenen Ankündigungen »konsequent« und mit »klaren Ansagen« durchzusetzen. Kein Wunder, dass Eltern glauben, sie müssten feste Regeln und Vorgaben planmäßig und unbeirrbar verfolgen. Nicht selten haben sie den Eindruck, dass ihre Qualität des Elternseins davon abhängt, wie konsequent sie mit ihrem Kind umgehen. Das zeigt folgende Beratungsanfrage in meiner pädagogischen Praxis:

*G*erne hätten wir einen Termin bei Ihnen. Ich weiß, dass es an mir liegt und ich keine so gute Mutter bin. Ich bin einfach zu inkonsequent und lasse zu viel durchgehen, das sagt zumindest mein Mann, mit dem ich nicht immer einig bin. Er kann einfach härter durchgreifen, auch wenn es dann Geschrei und Ärger gibt.

Konsequent sein heißt oft, rücksichtslos werden

Bei dem Versuch, konsequent zu sein, tun Eltern manchmal Dinge, die ein Kind kränken, es verletzen und die infolgedessen Ärger, Wut und Enttäuschung bei ihm auslösen. Eltern fühlen sich in der Regel damit auch nicht wohl. Sie spüren, dass sie Grenzen des Kindes überschreiten, und auch, dass sie ihre elterliche Macht missbrauchen, um sich durchzusetzen und an ein bestimmtes Ziel zu gelangen. Sie tun es jedoch trotzdem, weil sie befürchten, dass Inkonsequenz das Kind verwirren und zu Unklarheiten in der Eltern-Kind-Hierarchie führen könnte. So nach dem Motto: »Wenn wir jetzt nicht hart bleiben und durchgreifen, wird das Kind uns als schwach erleben und uns immer auf der Nase herumtanzen.«

E mma (drei Jahre) verweigert überraschend das Zähneputzen am Abend. Eigentlich gibt es sonst keine Probleme damit. Heute schon. Bereits das Abendessen war stressig und beide, Emma und ihr Vater, sind erschöpft. Es ist alles viel später geworden. Emmas Vater versucht es im Guten: »Komm, Emma, nur noch Zähne putzen!« – »Nein«, schreit Emma, »ich will nicht!« – »Gut«, sagt Emmas Vater, »dann geht es nicht anders! Zähne müssen geputzt werden, sonst kriegst du schlechte Zähne.« Er schnappt sich seine Tochter, klemmt sie zwischen seine Beine und hält ihren Kopf fest. Mit der Zahnbürste fährt er Emma blitzschnell in den kleinen Mund. Emma wirkt zunächst überrascht, dann beginnt sie, sich zu wehren. Sie prustet und spuckt. »Aua!«, ruft sie. »Es muss sein!«, ruft der Vater und putzt die Zähnchen entschlossen weiter. »Wo kommen wir denn hin, wenn du einfach keine Zähne mehr putzt?« – »Nein, ich will nicht, du bist blöd«, schreit Emma und beginnt zu weinen. Der Vater überhört die Schreie und lässt sich nicht beirren.

Emmas Vater tut, was er tut, aus seiner Sicht mit den besten Absichten. Seine Tochter soll spüren: Er hat hier das Sagen! Wenn er etwas von ihr will, dann hält er auch konsequent daran fest. Man kann ihm nicht auf der Nase herumtanzen und Zähneputzen ist wichtig. Aus meiner Sicht ist konsequentes Verhalten in diesem Sinne einer der größten Erziehungsfehler. Emma hat dann zwar geputzte Zähne und sie versteht auch, dass ihr Vater das Sagen hat und an dem, was er gesagt hat, festhält. Der Preis ist jedoch hoch, denn gleichzeitig werden ihre körperlichen Grenzen übertreten, sie fühlt sich selbst wertlos. Sie empfängt folgende Botschaften auf emotionaler Ebene:
» Ich werde mit meinen Bedürfnissen nicht wahrgenommen.
» Ich bin es nicht wert, dass achtsam mit mir umgegangen wird.
Ist das wirklich unser Ziel? Wir lieben doch unsere Kinder, wir wollen ihnen nicht wehtun und wir wollen sie auch nicht kränken und demü-

tigen. Wie können wir also unsere Liebe in solchen Situationen auch in liebevolles Handeln übersetzen? Was ist eine sinnvolle und wertschätzende Alternative zu konsequentem elterlichen Verhalten?

Besser konsistent als konsequent

Ich empfinde Folgendes als grundlegend: Im Umgang mit Kindern geht es weniger darum, konsequent zu sein, als eher darum, konsistent zu sein. Was meine ich damit? Wenn Eltern um der Konsequenz willen konsequent sind, wird das schnell destruktiv und endet häufig mit Geschrei und Machtkampf. Konstruktiv und für die Kinder wichtig ist dagegen, dass sie Erwachsene erleben, die in ihrem Denken, Fühlen und in ihren Werten beständig sind und sich auch entsprechend verhalten und nicht widersprüchlich agieren – die also konsistent sind.

Emma (drei Jahre) verweigert überraschend das Zähneputzen am Abend. Eigentlich gibt es sonst keine Probleme damit. Heute schon. Bereits das Abendessen war stressig und beide, Emma und ihr Vater, sind erschöpft. Es ist alles viel später geworden. Emmas Vater versucht es im Guten: »Komm, Emma, nur noch Zähne putzen!« – »„Nein«, schreit Emma, »ich will nicht!« Sie wirft sich auf den Boden. Emmas Vater ärgert sich. Ihm ist es wichtig, dass am Abend noch die Zähne geputzt werden. Andererseits kann er auch spüren, dass Emma gerade überfordert ist. Würde er konsequent auf dem Zähneputzen bestehen, würde er in einen Machtkampf geraten. Den würde er sogar gewinnen, er ist ja viel größer und stärker. Um sich durchzusetzen, müsste er Emma allerdings festhalten und Gewalt anwenden, seine Tochter würde sich winden und noch mehr weinen. »Ich ärgere mich, Emma«, sagt er schließlich. »Mir ist wichtig, dass du deine Zähne putzt. Ich möchte nicht, dass du zum Zahnarzt musst.« Emma weint lauter. Ihr Vater plant für diesen Abend um. Er teilt das Emma mit und kündigt an, dass sie morgen noch mal über das Zähneputzen sprechen. Am nächsten Morgen kann er sich mit Emma darüber unterhalten, dass er es wichtig findet, die Zähne täglich zu putzen. Emma hört aufmerksam zu. Sie vereinbaren, heute Abend mehr Zeit einzuplanen, und Emma wünscht sich, dass Papa mit ihr gemeinsam ins Bad geht und selbst auch seine Zähne putzt.

Der Vater hat seinen eigenen Wertvorstellungen und seine Prinzipien nicht über Bord geworfen: Nach wie vor ist ihm die Zahngesundheit seiner Tochter wichtig. Diesen Wert stellt er aber für diesen Moment zurück, weil ein anderer wichtiger Wert in den Vordergrund tritt: das Prinzip, wertschätzend und achtsam miteinander umzugehen. Die Botschaften, die Emma jetzt empfängt, sind folgende:

» Ich bin mit meiner Überforderung (in meiner Not) gesehen.
» Meine Signale und Bedürfnisse werden ernst genommen.
» Ich und meine Gesundheit sind meinem Vater wichtig.
» Mein Vater möchte, dass es mir gut geht, und achtet auf mich.
» Ich bin wertvoll und es wert, gehört zu werden.

AHA-EFFEKTE

- Der Wunsch, Kinder zu kontrollieren, entsteht oft durch Druck von außen.
- Belohnungssysteme halten Kinder in Unselbstständigkeit und in emotionaler Abhängigkeit.
- Belohnung ist verhaltens- und ergebnisorientiert. Liebe wird so zum anonymen Tauschgeschäft, die persönliche Beziehung gerät in den Hintergrund.
- Kinder wollen aus sich heraus selbstständig werden. Sie brauchen keine Motivation von außen. Lob kann den in ihrem Inneren angelegten Motor, selbst etwas erreichen zu wollen, hemmen.
- Belohnung bestraft automatisch, wenn sie weggelassen wird!
- Kinder brauchen Bestärkung im Sinne von: Du bist okay, so wie du bist. So wachsen Selbstwert und Selbstvertrauen.
- Eine in sich stimmige Haltung zu vertreten – also konsistent zu sein –, ohne die Grenzen des Kindes zu überschreiten, ist wichtiger als starre Konsequenz in Bezug auf Regeln und Vorgaben.

DIALOG

_ statt _

MONOLOG

In der Familie spielt die Nähe untereinander eine große Rolle. Das heißt, wir dürfen auch in der Kommunikation ganz persönlich sein: Im wertschätzenden Dialog können alle Familienmitglieder ihre Bedürfnisse, Wünsche und Sorgen ansprechen und werden mit ihren Anliegen gehört. Dann gelingt es auch, sich immer wieder neu abzustimmen, Kompromisse zu finden und Konflikte zu lösen.

WIE ES HÄUFIG IST:
VERHÖRE UND VORWÜRFE

Kommunikation in unserer Gesellschaft ist sehr oft angefüllt mit Gesprächsfloskeln, die zwar einen bestimmten sozialen Zweck erfüllen, inhaltlich jedoch eher belanglos sind und wenig mit einem wirklichen Dialog zu tun haben, also mit dem persönlichen Austausch von Informationen über sich und die Sache, um die es geht.

Gespräche mit Hintertürchen

Als Einstieg in ein Gespräch fragen wir zum Beispiel einen anderen: »Oh, lange nicht gesehen, wie geht es dir?« Wir sind aber in der Regel nicht wirklich interessiert daran, wie es unserem Gegenüber tatsächlich geht, wie es in seinem Inneren aussieht und was es emotional beschäftigt. Es ist vielmehr der Beginn eines eher oberflächlichen Smalltalks. Wir haben gelernt, dass es HÖFLICH ist, sich anderen Menschen so zu nähern, und sind es auch nicht gewohnt, persönliche Nähe in Beziehungen zu Menschen zuzulassen, die uns nicht allzu vertraut sind.

So schützen wir uns durch die Art, wie wir kommunizieren. Zum Beispiel auch, wenn wir heraushören, dass es dem anderen tatsächlich nicht so gut geht. Sogleich haben wir eine Anzahl von Antworten parat, die verhindern sollen, dass alles zu persönlich wird, zu nahe an uns herankommt: »Ach, jedem geht es doch mal schlecht!«, »Du brauchst nur mal Urlaub oder ein bisschen Abwechslung!«, »Das wird schon wieder!«, »Kopf hoch und halt die Ohren steif!«.

Solche Sätze nenne ich Hintertürchen-Antworten, weil sie uns die Gelegenheit zum AUSWEICHEN geben. Im gesellschaftlichen Miteinander sind solche sprachlichen Gepflogenheiten gelegentlich erwünscht und können sogar nützlich und richtig sein. Innerhalb der Familie jedoch, wo Menschen eine sehr persönliche Bedeutung für uns haben, bringt uns diese Form der Kommunikation nicht weiter. Es geht hier um nahe, warme Beziehungen und um einen wertschätzenden Umgang miteinander. Und es geht darum, lebendig miteinander den Alltag zu gestalten und auch Schwierigkeiten zu meistern. Da helfen keine Hintertürchen und oberflächlichen Smalltalks.

Wenn Eltern reden und Kinder schweigen

Gerade zwischen Eltern und Kindern schleichen sich manchmal destruktive Kommunikationsmuster ein: Eltern haben oft das Gefühl, sie würden »gegen eine Wand reden« und wiederholen bestimmte Sätze dann wieder und wieder. Diese scheinen trotzdem nicht anzukommen, als ob sie »zum einen Ohr hinein und zum anderen Ohr wieder raus« gingen. Und so entsteht ein typischer Fall von Monolog.

*M*utter *(kommt ins Zimmer): »Und, Nico? Was habt ihr heute in der Schule gemacht?«*

Nico (schaut von seinen Hausaufgaben auf): »Nichts Besonderes.«

Mutter: »Na, irgendwas werdet ihr gemacht haben.«

Nico (schreibt weiter): »Ja, in Mathe haben wir gemeinsam die Hausaufgaben kontrolliert.«

Mutter: »Und? Hattest du alles richtig?«

Nico: »Ja, fast. Eine Aufgabe war falsch.«

Mutter: »Wirklich? Dann musst du doch noch konzentrierter arbeiten. Und sonst noch? Was war in Deutsch?«

Nico (schaut auf): »Mama, lass mich ...«

Mutter: »Ich will nur kurz wissen, was mit Deutsch war.«

Nico (seufzt): »Deutsch war langweilig, wir mussten eine Geschichte lesen.«

Mutter: »Aber das ist doch nicht langweilig. Und Englisch? Habt ihr den Vokabeltest zurück?«

Nico: »Nein, den kriegen wir erst morgen wieder.«

Mutter (geht zur Zimmertür): »Ach so. okay.«

Nico (genervt): »Kann ich jetzt weitermachen?«

Dieser Austausch zwischen Mutter und Sohn mutet eher an wie eine Befragung im Interviewstil, ja fast wie ein Verhör. Eine nahe, persönliche Unterhaltung ist es nicht. Zwar bekommt die Mutter einige Infor-

mationen über den Verlauf des Schultags, allerdings erfährt sie nichts
darüber, wie es Nico damit geht und was ihn bewegt. Auch bleibt sie
selbst mit ihren Anliegen und Gefühlen verborgen und es bleibt offen,
was der eigentliche Grund für ihre Fragen ist.

Wenn wir unsere Kinder in diesem Stil befragen, entsteht Unmut auf
beiden Seiten: Eltern »bohren« nach, Kinder verlieren das Interesse
oder fühlen sich schnell unter Druck gesetzt. Keiner lässt sich gerne
ausfragen. Dieses Kommunikationsmuster entsteht unbewusst und so
bleiben Eltern und Kinder oft frustriert und unglücklich zurück. Die
häufig gehörten Sätze von Kindern, wie »Meine Eltern verstehen mich
eh nicht!«, und die Klagen von Eltern, wie »Mein Kind hört mir nicht
zu« oder »Mein Kind erzählt mir sowieso nichts«, zeigen, wie schwierig
es ist, im Familienalltag in ein wirkliches, echtes Gespräch zu kommen,
in dem sich alle mit ihren jeweiligen Gefühlen und Bedürfnissen gehört und ernst genommen fühlen.

Was in der alltäglichen Familienkommunikation schon nicht leicht ist,
wird in Ausnahmesituationen, bei Konflikten, oft noch schwieriger.

*Helene (11 Jahre) kommt wiederholt zu spät nach Hause. Trotz der
vielen Ermahnungen verändert sich ihr Verhalten nicht und ihr
Vater möchte nun die letzte Verspätung zum Anlass nehmen, ernsthaft
mit seiner Tochter zu sprechen.*

*Vater: »Wo kommst du jetzt erst her? Du bist viel zu spät! Das Judotrai-
ning ist seit über einer Stunde vorbei!«*
Helene: »Ich bin später aus der Halle raus und hab den Bus verpasst …«
*Vater: »… das hast du letztes Mal auch schon gesagt. Aber wir haben
ausgemacht, dass du direkt nach dem Sport nach Hause kommst.«*
(Helene starrt mit gesenktem Kopf auf den Tisch vor sich.)
*Vater: »Wieso kannst du dich nicht an das halten, was wir besprochen
haben? Du hättest wenigstens anrufen können, wofür hast du denn das
Handy? Ich warte hier jetzt schon ewig und denke, es ist sonst was pas-
siert. Dass du auch immer so unzuverlässig bist! Später kannst du auch
nicht einfach zu spät zur Arbeit kommen.«*
(Helene schaut kurz auf, gleich aber wieder weg.)

Vater: »Du wolltest doch auch noch dein Zimmer aufräumen und Hausaufgaben machen. Das kommt wieder alles zu kurz. Na klar, der Sport geht mal wieder vor. Warum kommst du denn immer zu spät?«

Helene: »Ich weiß auch nicht. Sind wir jetzt fertig?«

Vater: »Nein, sind wir nicht! Du musst lernen, dich an Zeiten und Verabredungen zu halten und auch deine Pflichten zu erfüllen.«

Helene: »Ich weiß. Ich muss jetzt noch Hausaufgaben machen.«

Vater: »Also, wirst du das ändern? Ich erwarte, dass du das nächste Mal pünktlich bist.«

Helene: »Ja, ich versuch's! Soll ich dann anrufen?«

Vater: »Du versuchst es? Ja, anrufen wäre ein erstes Zeichen deiner Einsicht! Helene, das geht so nicht! Wir haben jetzt schon so oft darüber gesprochen! Um die Zeit ist es auch schon dunkel und ein Mädchen in deinem Alter hat da nix mehr auf der Straße verloren.«

Helene: »Ja, okay, ich hab's verstanden!«

Ist hier ein Gespräch entstanden? Vordergründig mag es vielleicht so aussehen. Schauen wir genauer hin, können wir aber feststellen, dass zunächst mal kein Dialog, sondern eher ein Monolog vorliegt: Der Vater hat seine Tochter zur Rede gestellt, nachgefragt und ihr mitgeteilt, was er in Zukunft von ihr erwartet. Er hat geredet. Helene hat geschwiegen oder nur kurze Antworten gegeben. Ein echter Dialog ist hier nicht entstanden. Und zwischen den Zeilen ist noch etwas anderes passiert. Etwas, das häufig dazu führt, dass sich diese Form der Kommunikation im Kreis dreht. Der Vater begegnet seiner Tochter hier (fast) durchweg mit vorwurfsvoller Haltung und mit vorwurfsvollem Ton, er belehrt und KRITISIERT sie, was sich für Helene grob und wenig fürsorglich anhört und anfühlt. Es sind solche Situationen, die dazu führen, dass Kinder keine Gespräche (mehr) führen wollen, und Eltern seufzen, dass alles Reden sowieso nichts bringt.

» VERHÖRE UND VORWÜRFE VERHINDERN EINEN ECHTEN, AUTHENTISCHEN DIALOG UND DIE ELTERN-KIND-BEZIEHUNG BLEIBT UNPERSÖNLICH. «

MIT KINDERN IM GLEICHWERTIGEN AUSTAUSCH

Im Beispiel mit Nico (siehe Seite 157) ist ein Gespräch in Interview- oder Verhörform entstanden, im zweiten mit Helene (siehe Seite 158) ein Monolog voller Vorwürfe, eine belehrende Standpauke. Beide Situationen haben aber eines gemeinsam: Die persönlichen Anteile der Eltern sind jeweils nicht spürbar. Diese Form der Kommunikation hat zur Folge, dass die Erwachsenen nichts über den inneren Zustand, die Gefühle und das Erleben ihrer Kinder erfahren. So bleiben diese mit ihren Bedürfnissen, Erlebnissen und Emotionen ungesehen.

Kinder können eine authentische Form des Dialogs nur über eigene Erfahrungen »erlernen« – wenn also Erwachsene sich selbst darauf einlassen können und es schaffen, ihren Kindern in einem solchen echten und persönlichen Austausch zu begegnen. Das ist manchmal nicht leicht, denn wir Eltern zeigen uns dann offen mit unseren eigenen Gefühlen und sind deshalb auch verletzlich. Wir müssen diese Form des Dialogs oft erst (wieder) erlernen.

» ES IST FÜR ELTERN EIN GEWINN, IHREN KINDERN IN EINEM PERSÖNLICHEN DIALOG ZU BEGEGNEN! «

Wesentlich für das Gelingen eines Dialogs ist eine offene Einstellung gegenüber dem Gesprächsgegenstand und der Person, mit der wir sprechen. Wenn wir voreingenommen sind, ein bestimmtes Ziel verfolgen und eigene Bewertungen zum Maßstab nehmen, wird es jedoch kaum möglich sein, sich für das Gegenüber und seine Sicht zu öffnen. Dann kann eben kein Austausch stattfinden, bei dem das Ergebnis zunächst offen sein darf. Es geht also erst einmal darum, sich zuzuhören und Verständnis für die Position des anderen zu entwickeln.

Sieben Aspekte einer gelingenden Kommunikation

Um in einen echten und für beide Seiten befriedigenden Dialog zu kommen, sind sieben Aspekte als Voraussetzung grundlegend:

1. Zuwendung und Hinwendung zueinander

Um in einen wirklichen Austausch zu kommen, können wir uns einander zuwenden. Das beinhaltet nicht nur, dass man sich ZEIT und auch RUHE nimmt, sich gemeinsam einem Thema zuzuwenden. Ich meine das auch ganz KÖRPERLICH, im Sinne von sich gegenübersetzen, sich aufeinander konzentrieren und sich so für den anderen und das, was er sagt, tatsächlich zu öffnen.

2. Interesse haben

Mit Interesse in einen Dialog zu treten heißt einerseits Zuwendung und Hinwendung. Es bedeutet aber auch, eine gewisse NEUGIER zu entwickeln und wirklich ergründen zu wollen, was den anderen bewegt und beschäftigt, worum es ihm tatsächlich geht.

3. Offenheit und Unvoreingenommenheit

Offen und unvoreingenommen in einen Dialog zu treten heißt, die innere Bereitschaft zu haben, ALLES AUFNEHMEN zu wollen, was der andere sagt, und es erst mal NICHT zu BEWERTEN, sondern eigene Überzeugungen und Gedanken zur Seite zu stellen und mit einem neuen, frischen Blick auf das Gehörte zu schauen.

4. Einander wirklich zuhören

Zu hören, was der andere sagt, ohne gleich mit »Ja, aber ...« zu einer Gegenrede anzusetzen, erfordert etwas GEDULD. Es heißt, die geschilderten ZUSAMMENHÄNGE entstehen und stehen zu lassen, ohne gleich die eigene Sicht- und Denkweise in den Ring zu werfen.

5. Verständnis für das Gegenüber entwickeln

Sich gegenseitig Verständnis entgegenzubringen oder auch im Dialog füreinander Verständnis zu entwickeln heißt nicht, dass man sich in der Sache einig sein muss. Es bedeutet, die Position des anderen zu begreifen und ihn aus seiner Sicht heraus zu verstehen. Verständnis heißt, die PERSPEKTIVE zu WECHSELN, sodass man sagen kann: »Das kann ich aus deinem Blickwinkel heraus nachvollziehen.«

6. Empathie und Einfühlung ineinander

Um Verständnis zu entwickeln, benötigt man Empathie. Empathie ist die Fähigkeit und die Bereitschaft, Gedanken, Gefühle, Einstellungen und Eigenschaften des Gegenübers WAHRZUNEHMEN und auch zu VERSTEHEN. Empathie ist also notwendig, um sich in den anderen einfühlen zu können. Nur so ist es möglich, sich innerlich auch in die Position des anderen zu begeben. Zur Empathie gehört auch eine EMOTIONALE REAKTION auf die Gefühle des anderen, etwa auf Schmerz, Wut oder Trauer – also MITGEFÜHL, das Impuls für Trost oder eine andere Hilfe sein kann.

7. Ernst nehmen und anerkennen

Wichtig für einen Dialog ist, den anderen und seine Signale, Äußerungen und Rückmeldungen ernst zu nehmen und seine Empfindungen und geäußerten Bedürfnisse anzuerkennen. Wenn er etwa sagt: »Das hat mich geärgert«, sollten wir das so akzeptieren und ACHTEN, dass der andere diese Empfindung hat. Wir sollten sie ihm nicht ausreden wollen, sondern respektieren, dass sie für ihn eine BEDEUTUNG und auch insgesamt eine BERECHTIGUNG hat.

Der persönliche Dialog in der Familie

Wie sich diese Aspekte eines gelingenden Dialogs umsetzen lassen, lässt sich gut an den Beispielen von Nico und Helene (siehe Seite 157 und 158) zeigen. Wenn Nicos Mutter mit ihrem Sohn ins Gespräch kommen und einen Dialog führen möchte, verzichtet sie auf Kontrollfragen und zeigt Interesse an ihrem Sohn und dem, was er erlebt hat.

» NUR WENN WIR ACHTSAM IM DIALOG MIT UNSEREN KINDERN SIND, HABEN WIR EINE CHANCE, AN IHRER ERLEBNISWELT TEILZUHABEN. «

*M*utter klopft an Nicos Tür und wartet, bis er reagiert.
Nico: »Ja?«

Mutter: »Nico? Ich wollte kurz nach dir schauen – wie ist es dir heute in der Schule ergangen?"

Nico (schaut von seinen Hausaufgaben auf): »Oh, es war anstrengend.«

Mutter: »Das glaub ich gerne, du hattest ja auch sieben Stunden. Ich bin aber heute auch besonders müde – vielleicht liegt es am Regenwetter.«

Nico (stützt seinen Kopf in die Hände): »Ja, kann sein. Mathe war besonders blöd, wir haben Hausaufgaben kontrolliert und ich bin auch noch drangekommen.«

Mutter (setzt sich aufs Bett): »Das ist für mich auch immer ein Schreck gewesen, wenn ich so plötzlich drangenommen wurde. Oder hast du dich freiwillig gemeldet?«

Nico: »Nee, bei dem Lehrer trau ich mich nicht richtig. Der schimpft immer, wenn es falsch ist. Dann muss man noch an die Tafel. Also, ich hatte zum Glück fast alles richtig. (Er strahlt.) Eine Aufgabe war falsch, aber die musste ich nicht vorlesen.«

Mutter: »Ach schön.«

Nico (schaut auf): »Mama, können wir nachher weiterreden? Ich möchte das fertig machen.«

Mutter (steht auf): »Ja klar, das Essen ist in zehn Minuten so weit.«

Nico (seufzt): »Okay, ich komm dann.«

Und auch zwischen Helene und ihrem Vater kann ein authentischer, wertschätzender und gleichwertiger Dialog stattfinden, wenn der Vater persönlicher wird und vor allem auf die Vorwürfe verzichtet.

*H*elene (11 Jahre) kommt wiederholt zu spät nach Hause. Trotz der Bitte der Eltern, sie möge sich an die Verabredung halten, ändert sich ihr Verhalten nicht. Ihr Vater nimmt nun die letzte Verspätung zum Anlass, um ernsthaft mit seiner Tochter zu sprechen.

Vater: »Helene, in letzter Zeit habe ich bemerkt, dass du oft viel später als sonst vom Judotraining kommst. Mich interessiert, warum das so ist. Kannst du mir den Grund sagen?«

Helene: »Ich bin halt später aus der Halle raus und hab den Bus verpasst … Ich weiß auch nicht.«

Vater: »Das heißt, jedes Mal, wenn du zu spät kommst, verpasst du den Bus, weil du zu langsam bist?«

Helene (starrt mit gesenktem Kopf auf den Tisch vor sich): »Ja!«

Vater: »Ich bin darüber erstaunt, weil es früher nicht so war. Also, wenn du über eine Stunde später als ausgemacht nach Hause kommst, mache ich mir Sorgen. Was verzögert denn so, dass du den Bus verpasst?«

Helene (schaut auf): »Ich komm nicht pünktlich zum Umziehen und dann verpass ich den Bus, dann wird's halt mal später.«

Vater: »Zum einen bin ich besorgt, wenn du nicht kommst, und zum anderen ärgere ich mich. Ich möchte wirklich verstehen, woran es liegt, dass du zu spät kommst.«

Helene: »Okay. Dann bleib ich eben zu Hause. Hab eh keine Lust mehr auf das Training. Kann ich jetzt gehen?«

Vater: »Warte bitte noch. Du willst plötzlich deinen Sport aufgeben? Warum das denn?«

Helene: »Macht halt keinen Spaß mehr, weiß auch nicht.«

Vater: »Du bist doch sonst so gerne hingegangen?«

Helene: »Früher schon … jetzt nicht mehr.«

Vater: »Was hat sich denn verändert?«

Helene: »Das sind neue Mädchen dazugekommen … die sind blöd … und die nerven.«

Vater: »Wieso nerven die? Nur dich oder auch andere?«

Helene: »Weiß nicht, mich auf jeden Fall.«

Vater: »Was machen die denn?«

Helene: »Die ärgern mich halt – ist doch auch egal.«

Vater: »Mir nicht. Sag mal ein Beispiel, wie sie dich ärgern, damit ich es besser verstehen kann.«

Helene: »Also zum Beispiel nehmen sie mir nach dem Training meinen Judoanzug und meine Schuhe weg und verstecken sie. Ich kann dann alles absuchen und die lachen sich kaputt. Heute habe ich alles im Mülleimer wiedergefunden.«

Vater: »Das gibt's doch gar nicht! Hast du denn nicht deinem Trainer Bescheid gesagt?«

Helene: »Nee, das ist mir zu doof. Ich bin ja kein Kleinkind mehr.«
Vater: »Also, jetzt verstehe ich jedenfalls, warum du später nach Hause
kommst. Kann ich dir denn irgendwie helfen? Soll ich mal mit dem Trai-
ner reden?«
Helene: »Nein, bloß nicht! Das würde nix bringen, dann würden die
mich erst recht ärgern. Ich weiß auch nicht, was ich machen soll.«
Vater: »Es tut mir leid, dich so zu sehen, und es macht mich traurig. Ich
will nicht, dass dich jemand so ärgert und Dinge, die dir wichtig sind, in
den Mülleimer schmeißt – das macht mich richtig wütend.«
Helene: »Hm … Ich muss noch Hausaufgaben machen.
Vater: »Ja, ich weiß. Aber danke für deine Offenheit und dass du mir
das alles erzählt hast. Wenn du glaubst, dass ich dir helfen kann, und du
meine Unterstützung brauchst, dann sag mir gerne Bescheid.«

RÜCKENSTÄRKUNG
Reden kann auch Gold sein

Wir Eltern diskutieren zu viel mit Kindern, lassen sie nicht mehr Kinder sein, behandeln sie wie kleine Erwachsene und überfordern sie so. Kinder brauchen nur klare Ansagen und keine Diskussionen. All das wird Eltern häufig suggeriert. Wie falsch das ist.

Denn: Mit den Kindern einen Dialog zu führen heißt nicht, dass wir ewig mit ihnen diskutieren. Es heißt vielmehr, dass wir unsere Kinder ernst nehmen, ihnen zuhören, verstehen wollen, was sie denken und fühlen, und gemeinsam Lösungen finden wollen, wenn es Schwierigkeiten gibt. Achten wir also darauf, nicht zu belehren und keine Monologe zu halten. Ich kann Sie nur darin bestärken, die wesentlichen Aspekte des Dialogs immer wieder im Alltag umzusetzen und den Wunsch, in Konfliktsituationen Lösungen zu finden, die für alle annehmbar sind, nicht aufzugeben. Seien Sie offen und stellen Sie weiterhin die konstruktive Beziehung zu Ihrem Kind in den Mittelpunkt. Die Machtkämpfe werden dann weniger.

Der Dialog zwischen Helene und ihrem Vater ist nun deutlich anders. Es gibt keine Vorwürfe und Belehrungen und es handelt sich auch nicht um einen Monolog. Der Vater geht engagiert, offen und mit echtem Interesse in das Gespräch mit seiner Tochter. Er bringt seine Überlegungen, Auffassungen und eigenen Gefühle mit in den Dialog ein, ist jedoch gleichzeitig aufmerksam, an der Meinung seiner Tochter interessiert und nimmt diese ernst. Auch fühlt er sich ein und ist empathisch. Durch diese Haltung kommt ein gleichwertiger, authentischer Dialog zustande. In diesem Gespräch profitieren beide Teilnehmer vom jeweils anderen. Der Vater erfährt etwas Wesentliches über seine Tochter, über ihr Leben, ihre Sorgen und Nöte. Und Helene macht die (wahrscheinlich wiederholt) gute Erfahrung, dass sie sich ihrem Vater anvertrauen kann und von ihm ernst genommen wird.

Gute Gespräche als Kraftquelle bei Schwierigkeiten

Nach wie vor ist Helene zwar im Konflikt mit ihren Sportkameradinnen auf sich gestellt und eine Lösung ist im Moment (noch) nicht gefunden. Jedoch allein die Tatsache, dass sie in ihrer Not von ihrem Vater gesehen und verstanden wurde, ist eine Kraftquelle für sie und zeigt die gute Qualität der Beziehung. Durch ein solches Gespräch wird neue Energie auf beiden Seiten freigesetzt, die zu veränderten Einsichten und konkreten Entscheidungen führen kann. Oft ist es ja so, dass die Gespräche zunächst deshalb stattfinden, weil wir ein Verhalten der Kinder nicht einordnen können (hier das Zuspätkommen). Durch das Interesse und das Nachfragen werden dann jedoch unter Umständen Konflikte der Kinder und Jugendlichen sichtbar (hier das Mobben durch die Sportkameradinnen).

Keine doppelten Botschaften senden

Damit Kinder ihre Wünsche, Sorgen und Bedürfnisse äußern können, brauchen sie authentische Erwachsene, die ihnen die Möglichkeit geben, sich ernsthaft und vertrauensvoll auszutauschen. Das fällt uns manchmal schwer, denn wir Eltern müssen diese Form des Dialogs auch oft erst (wieder) erlernen. Neben den sieben Aspekten (siehe Seite 161) hilft dabei ein Blick auf unsere nicht verbalen Botschaften.

Kinder merken sehr schnell, wenn die sprachlichen und nicht sprachlichen Anteile einer Aussage nicht zusammenpassen, wenn wir sie mit Antworten abspeisen, die offensichtlich nicht mit dem übereinstimmen, was wir ausstrahlen, wenn wir also unauthentisch sind. Eine Mutter zum Beispiel, die gerade ein hochemotionales Telefonat hatte, aufgebracht und wütend ist und dann zu ihrem Kind sagt: »Es ist alles in Ordnung, Mäuschen«, verunsichert und irritiert das Kind. Denn es nimmt durch Gesten, die Mimik und den Tonfall der Mutter wahr, dass etwas nicht stimmt und an der sprachlichen Botschaft nicht passt. Hier authentisch zu reagieren könnte so aussehen: »Ich ärgere mich gerade – es hat aber nichts mit dir zu tun!« Wenn VERBALE und NICHT VERBALE Botschaften übereinstimmen, kann Ihr Kind die Situation besser einschätzen, es weiß dann, woran es ist, und erhält so Orientierung und Sicherheit. Deshalb ist es im Umgang mit Kindern besonders wichtig, authentisch zu sein.

Doppelbindung oder die Zwickmühle

In der Kommunikationsforschung spricht man von Doppelbindung, wenn ein Mensch einer doppelten oder paradoxen Botschaft ausgesetzt ist. Die Paradoxie kann sich auf der Sprachebene finden. Zum Beispiel: »Halt den Mund und rede mit mir.« Wer immer diese Botschaft empfängt, kann nicht darauf reagieren, ohne etwas falsch zu machen. Wenn er redet, hält er nicht den Mund; hält er den Mund, redet er nicht. Widersprüche können sich aber auch auf verschiedenen Ebenen zeigen, etwa zwischen verbaler Aussage und Körpersprache. Wenn etwa jemand mit verschränkten Armen vor der Brust sagt: »Komm her«, weiß das Gegenüber nicht, worauf es reagieren soll – auf das, was es hört, oder das, was es sieht.

Kinder leiden ganz besonders unter doppelten oder zweideutigen Botschaften, weil sie von uns abhängig sind und sich grundsätzlich uns gegenüber richtig verhalten wollen, um unsere Zuneigung nicht zu verlieren. Sie geraten dann in einen inneren Konflikt, in eine wirklich fatale Zwickmühle.

Von sich selbst sprechen

Der Dialog zwischen Helene und ihrem Vater (siehe Seite 163) zeigt, wie wichtig es ist, eigene Überlegungen und Gefühle einzubringen, damit ein Austausch gelingt. Oder anders ausgedrückt: Eine wertschätzende Beziehung und ein konstruktiver Dialog erfordern es, achtsam eigene Wahrnehmungen, Bedürfnisse, Wünsche und Empfindungen in sogenannten Ich-Botschaften zu formulieren.

Was Ich-Botschaften bewirken

Ich-Botschaft heißt: Aussagen über sich selbst und seine eigenen Empfindungen zu machen. Die Gesprächspartner werden so in ihrer Gesamtpersönlichkeit sichtbar, also mit verschiedenen Facetten: was sie wahrnehmen, wie sie sich fühlen und was sie gerne möchten. Eine Ich-Botschaft wird entsprechend in drei Teile untergliedert:

1. Sachaussage/Beobachtung
2. Gefühlsaussage
3. Aussage über die eigenen Bedürfnisse und gegebenenfalls damit verbundene Wünsche

Wenn wir uns in dieser Form miteinander austauschen und etwas über uns selbst und unser eigenes Erleben sagen, bewerten wir den anderen nicht und er fühlt sich nicht angegriffen. Auch schieben wir ihm keine Verantwortung für die Situation zu, um die es geht. Dadurch entkrampft sich der Dialog, es entsteht eine positive Atmosphäre. Kommunikation in dieser Form ist also konstruktiv.

» ICH-BOTSCHAFTEN WIRKEN DEESKALIEREND, WERTSCHÄTZEND UND EINLADEND. «

Dem gegenüber steht dic Du-Botschaft: »Du musst dich eben mehr konzentrieren!« »Immer kommst du zu spät.« »Nie hältst du dich an unsere Abmachung.« Diese Aussagen generalisieren und haben einen vorwurfsvollen Charakter. Sie führen deshalb eher zu Eskalation und zu destruktiven Machtkämpfen.

Für einen wertschätzenden Dialog trotz Konflikt können Sie folgende Schritte berücksichtigen:

» Das **BEOBACHTETE** benennen: »Ich habe bemerkt, es ist ganz schön schwierig zwischen uns.«

» Ihr eigenes **GEFÜHL** deutlich machen: »Dass es so schwierig zwischen uns beiden ist (Sachaussage wird wiederholt), macht mich hilflos und traurig (Gefühlsaussage).«

» Eigene **BEDÜRFNISSE** benennen: »Ich habe mich geärgert (Gefühlsaussage wird erweitert), weil ich mich auf dich verlassen möchte (Aussage über die eigenen Bedürfnisse).«

» **BITTE** oder **WUNSCH** formulieren: »Ich möchte, dass wir gemeinsam eine Lösung finden.«

AHA-EFFEKTE

- Der persönliche Dialog ist das »Herzstück« der wertschätzenden, konstruktiven Beziehung zwischen Eltern und Kindern.
- Erwachsene tragen die Verantwortung für das Gelingen des wertschätzenden Dialogs zwischen Groß und Klein.
- Wenn die sieben Aspekte (siehe Seite 161) erfüllt sind, kann ein wertschätzender Dialog zustande kommen.
- Kinder merken, wenn wir »Kontrollfragen« stellen, und verschließen sich dann eher, als dass sie sich öffnen.
- Ein wertschätzender Dialog gelingt, wenn wir über uns selbst sprechen können und widersprüchliche Signale vermeiden.
- Auch schwierige Situationen und Konflikte lassen sich im achtsamen und wertschätzenden Dialog klären.
- Ziel des Dialogs ist zu verstehen, was Kinder denken und fühlen. Um das zu erreichen, ist es wesentlich, dass wir die Kinder an unseren Gedanken und Gefühlen teilhaben lassen.

7

MITEINANDER
— statt —
GEGENEINANDER

Kinder sind Teamworker. Sie wollen uns Eltern generell gefallen und mit uns zusammenwirken. So sehr, dass sie oft sogar ihre eigenen Bedürfnisse hintanstellen. Kinder sind also nicht auf Kampf aus – wie oft behauptet wird –, sondern absolut loyal uns Eltern gegenüber. Diese Erkenntnis stellt für viele Erwachsene eine große Entlastung dar und hat sich als sehr hilfreich im Umgang mit Kindern erwiesen.

WIE ES HÄUFIG IST:
FRONTEN ENTSTEHEN

Die Einstellung, dass Kinder aufsässig wären und sich ganz grundsätzlich gegen uns stellen würden, ist unbewusst, aber tief in uns verankert. Sie ist ein Überbleibsel aus der althergebrachten Kindererziehung (siehe Seite 14). Man hatte die Vorstellung, dass Kindern eine gewisse Widerständigkeit angeboren sei, die durch Erziehung unterbunden beziehungsweise »aberzogen« werden müsse.

*E*mil (vier Jahre) kommt mit seinem Papa nach seinem Kindergartentag nach Hause. Kaum hat sein Vater die Tür aufgeschlossen, drückt Emil sich an ihm vorbei. »Hallo, Emil«, ruft seine Mutter. »Ich bin in der Küche, komm, wir wollen gleich essen.« Emil rennt an der Küche vorbei in sein Zimmer, wirft seinen kleinen Rucksack in die Ecke und klettert auf sein Bett. Seine Mutter kommt dazu. »Werde ich gar nicht begrüßt?«, fragt sie und streckt den Kopf ins Zimmer. »Komm bitte, wir wollen gleich essen.« Sie verzieht genervt ihr Gesicht, als sie sieht, dass Emil – noch in Jacke und mit Schuhen an den Füßen – auf dem Bett spielt. »Emil, bitte zieh die Schuhe aus und häng die Jacke auf! Deine Brotbüchse brauche ich auch in der Küche und wir waschen doch immer die Hände, wenn wir von draußen reinkommen. Und dann komm bitte schnell zum Essen.«

Emil scheint sehr beschäftigt: »Gleich, Mama, ich will nur kurz …« – »Nein, jetzt!«, unterbricht ihn seine Mutter genervt. »Du weißt das doch alles, warum machst du das denn nicht?« Emil schaut seine Mutter an, dann verzieht er auch das Gesicht. Er dreht den Kopf weg: »Ich will nicht! Lass mich.« Seine Mutter wird zunehmend ärgerlich. »Was ist denn los mit dir, Emil? Komm, wir wollen jetzt essen, und zieh bitte endlich Jacke und Schuhe aus!«, schimpft sie. Emil hat sich zwei Autos geschnappt und sitzt weiterhin auf dem Bett. »Erst spiel ich fertig!«, *erklärt er. Es gibt ein kleines Gerangel und Emils Mutter erklärt immer wieder, dass das Bett dreckig werde und er doch auch den ganzen Vormittag im Sand gespielt habe und deshalb erst die Hände waschen müsse und außerdem das Essen auf ihn warte ... Schließlich kommt Emil weinend zum Essen. Die Mutter ist erschöpft und frustriert.*

Eltern fühlen sich persönlich angegriffen

Kinder lieben ihre Eltern und umgekehrt. Trotzdem haben wir Erwachsene im Alltag oft den Eindruck, dass unsere Kinder sich »trotzig« und widerständig, ja geradezu konfrontativ uns gegenüber benehmen. So nehmen wir ihr Verhalten schnell persönlich und haben häufig das Gefühl, dass sie grundsätzlich auf Auseinandersetzung und Kampf mit uns Erwachsenen aus sind. So auch Emils Mutter. Sie hat mir ihren Eindruck wie folgt beschrieben.

I ch habe fast das Gefühl, dass mein Sohn mich provozieren möchte und mich mit Absicht ärgern will. Er weiß ganz genau, dass er, nachdem er die Wohnung betreten hat, seine Hände waschen muss. Das ist eine Regel bei uns, die gilt jeden Tag und immer. Ich verstehe nicht, warum er das nicht einfach macht!«

Es sind oft Kleinigkeiten, die im Alltag mit unseren Kindern »schieflaufen« – aus Erwachsenensicht, und wir können nicht verstehen, warum das Kind eine für uns so geringfügig erscheinende Erwartung wie das Händewaschen nicht einfach erfüllt. Die Auseinandersetzungen beginnen oft schon am Morgen, wenn die Kinder müde sind, nicht aufstehen wollen und bis zum Frühstück alles ewig dauert. Und im Laufe des Tages ergeben sich zahlreiche weitere Situationen (siehe Seite 130), in denen wir Kinder auf die immer selben Dinge hinweisen und wir immer wieder den Eindruck haben, dass sie zu langsam reagieren. Zum Beispiel, wenn sie ihre Jacke aufhängen, die Zähne putzen, die Hände waschen, den Tisch decken ... sollen. Die Liste könnten Eltern wohl endlos weiterführen – eine Defizitliste. Denn meist schauen wir, was Kinder alles NICHT tun, anstatt zu sehen, was sie alles tun und was sie für ihre Verhältnisse im Lauf des Tages mit und für uns leisten.

Eltern sind heute oft gestresst und manchmal auch überfordert damit, Familie, Arbeit und Haushalt unter einen Hut zu bringen. Aus diesem Grund reagieren sie in Alltagssituationen vor allem mit UNGEDULD und UNVERSTÄNDNIS auf das anscheinend unkooperative Kind. So entsteht schnell ein tagtägliches Gegeneinander statt eines Miteinanders, und beide Seiten – Eltern und Kinder – sind dann frustriert, die Stimmung ist hin. Das Eltern-Kind-Verhältnis wird durch diese Form von Auseinandersetzungen und Machtkämpfe unnötig belastet.

Wir verlangen zu viel

Weil wir uns schnell persönlich angegriffen und infrage gestellt sowie gestresst und überfordert fühlen, sehen wir oft nur, was unser Kind nicht macht. Und weil wir – aus Erwachsenensicht auch nachvollziehbar – wollen, dass der Alltag möglichst reibungslos funktioniert, geben wir dem Kind Anweisung über Anweisung, wie Emils Mutter: Schuhe ausziehen, Jacke aufhängen, Brotbüchse in die Küche bringen, Hände waschen, zum Essen kommen. Das sind fünf (!) Aufforderungen in einem einzigen Satz. Für uns Erwachsene sind solche Tätigkeiten und Abläufe zur alltäglichen Gewohnheit geworden. Wir verrichten sie oft unbewusst, fast automatisch, so sehr haben wir sie verinnerlicht. Für uns stellt das also alles keine große Herausforderung dar, für Kinder aber sehr wohl. Wir verlangen mehr von ihnen, als sie leisten können. Das bedeutet auch: Wenn wir unsere Kinder nur daraufhin betrachten, ob und dass sie im Alltag »funktionieren«, wenn wir nur auf ihre vermeintlichen DEFIZITE schauen, dann überfordern wir sie, werden ihnen nicht gerecht und überschätzen ihre kindlichen Möglichkeiten. Aber wie kriegen wir es hin, dass wir als Eltern hier eine andere Perspektive einnehmen, weniger von uns selbst ausgehen, sondern uns mehr an den Kindern und ihrer Entwicklung orientieren?

» ZIEL IST, DASS ELTERN SICH INNERLICH MEHR ZURÜCKLEHNEN, DIE ZEIT MIT IHREN KINDERN BESSER GENIESSEN KÖNNEN UND SICH SELBST NICHT MEHR SO STARK INFRAGE GESTELLT FÜHLEN. «

Damit Eltern hier einen neuen Blick auf ihre Kinder gewinnen können, ist ein Aspekt aus der Entwicklungspsychologie wesentlich: Kinder sind grundsätzlich Teamworker. Wenn wir das berücksichtigen und bei Konflikten und Auseinandersetzungen im Hinterkopf behalten, kann aus einem Gegeneinander, das für Kinder und Eltern anstrengend und zermürbend ist, ein Miteinander im Alltag werden.

Kinder sind Teamworker

Kinder wollen sich aufgrund ihrer Beziehungs- und Bindungsfähigkeit grundsätzlich mit uns verbinden und mit uns gemeinsam wirken. Erkenntnisse aus unterschiedlichen wissenschaftlichen Bereichen, etwa aus der Säuglingsforschung und der Entwicklungspsychologie, besagen, dass der Mensch bereits als soziales, beziehungsfähiges Wesen geboren wird. Dass Kinder von Natur aus aufsässig und widerständig wären, ist also ein Irrtum – das wissen wir heute. Allen voran hat der Schweizer Professor für Kinderheilkunde Remo Largo in seinen Büchern »Babyjahre« und »Kinderjahre« (siehe Seite 188) wesentliche Beiträge zu diesem Thema geliefert, die mich in dem bestärken, was ich als Pädagogin an Kindern beobachte: Kinder sind grundsätzlich zur Zusammenarbeit mit uns Erwachsenen bereit. Wenn wir das verstehen, können wir das frustrierende Gegeneinander überwinden.

Kinder wollen sich also nicht an uns Eltern »reiben«, wie es oft gesagt wird. Und wer genau hinsieht, kann im Alltag viele Beispiele für die Kooperationsbereitschaft von Kindern finden. Wir nehmen sie nur nicht wahr, weil sie so selbstverständlich ist. Führen Sie doch mal eine Woche lang ein »Kooperationstagebuch«, in das Sie jeden Abend notieren, wann Ihr Kind kooperiert hat. Bedenken Sie auch die Kleinigkeiten – Sie werden überrascht sein. Und nehmen Sie sich Zeit für das Miteinander, seien Sie nicht ungeduldig und genießen Sie, wenn Ihr Kind mit Ihnen zusammen Gemüse schneiden, die Waschmaschine befüllen, das Geschirr spülen, die Pflanzen gießen … möchte.

KINDER SIND LOYAL UND KOOPERATIV

Vielleicht fragen Sie sich jetzt: Aber warum gibt es dann Momente, in denen diese grundsätzlich vorhandene Kooperationsbereitschaft von Kindern so weit absinkt (oder ganz verschwindet), dass wir unweigerlich das klare Gefühl haben, sie wären gegen uns?

Woher kommt die Verweigerung?

Wenn Kinder das Teamworking aufgeben, kann das folgende ZWEI GRÜNDE haben (meist überschneiden sich sogar beide Aspekte):

» Der hohe Erwartungsdruck ÜBERFORDERT sie, wenn sie sich zu lange und zu sehr nach den Wünschen und Vorstellungen ihrer Eltern richten müssen.

» Ihr Vertrauen in die Beziehung wird beschädigt oder kommt ihnen ganz abhanden, wenn sie verletzt oder GEKRÄNKT und ihre Bedürfnisse missachtet werden.

Niemals kündigen Kinder von sich aus die Zusammenarbeit mit uns Erwachsenen auf. Und nie geschieht eine solche Verweigerung grundlos. Wenn Kinder sich dem Zusammenwirken entziehen, ist das immer auch ein Ausdruck dafür, dass im Beziehungsgeflecht zwischen Erwachsenen und Kindern etwas in Schieflage geraten ist. Diese entsteht, wenn wir unseren Kindern ständig unseren Willen, unsere Regeln aufdrängen, sie kontrollieren, belehren und bevormunden und/oder ihnen mit Strafe drohen, falls sie unseren Anweisungen nicht Folge leisten. So verletzen wir überdauernd das Recht der Kinder auf die Befriedigung ihrer natürlichen Bedürfnisse.

Wichtig ist, dass wir Erwachsene die Reaktionen der Kinder ernst nehmen und sie einzuordnen wissen. Denn so erhalten wir Hinweise auf die Schieflage und können sie wieder ins Gleichgewicht bringen. Oft nehmen wir Erwachsene Signale aber gar nicht wahr, weil die Kinder nach außen hin dann doch kooperativ und loyal reagieren – während auf Dauer ihre seelisch-emotionale Entwicklung stark leidet oder sogar nachhaltig gestört werden kann. Auch Emil verweigert sich erst, kommt schließlich aber doch – weinend – zum Essen.

> **» IMMER GEBEN KINDER ZEICHEN UND SIGNALE DAFÜR, DASS SIE ÜBERFORDERT ODER AUCH GEKRÄNKT SIND. WIR KÖNNEN DIESE HINWEISE NUR OFT NICHT LESEN UND ÜBERGEHEN SIE HÄUFIG. «**

Das Bedürfnis der Kinder nach Kooperation mit uns fällt uns Eltern in unserem defizitären Blick also erst mal gar nicht auf. Deshalb sollten wir die Erkenntnis darüber, dass Kinder Teamworker sind, in den Alltag und die Routine des gesamten Tagesablaufs integrieren. So können wir einen neuen Blickwinkel finden. Dazu gehört auch, sich zu fragen, was eigentlich dazu führt, dass Kinder gerade nicht kooperieren können. Ob sie situativ, also »nur« im Moment, oder ob sie dauerhaft gekränkt und überfordert wurden und sich so ein Muster verfestigt hat.

Wenn Kinder im Moment überfordert sind

Immer geben Kinder, wenn sie gekränkt und/oder überfordert sind, Zeichen und Signale. So hat auch Emil aus unserem Beispiel (siehe Seite 172) entsprechende Hinweise gegeben:

» **EINGESCHRÄNKTE ANSPRECHBARKEIT:** Er läuft (gegen seine sonstige Gewohnheit) an seiner Mutter vorbei. Reagiert nicht oder nur teilweise auf ihre Ansprache.

» **RÜCKZUG:** Er zieht sich auf sein Zimmer zurück. Hier sucht er dann noch den Rückzug auf sein Bett.

» **ABGRENZUNG:** Er vertieft sich in ein Spiel. Und er sagt, dass er für sich sein möchte: »Ich will nicht. Lass mich.«

Diese Signale – eingeschränkte Ansprechbarkeit, Rückzug, Abgrenzungsversuche – deuten darauf hin, dass Emil im Moment überfordert ist. Wir Eltern wissen solche Hinweise nur oft nicht zu lesen oder übergehen sie unbewusst. Und manchmal spüren wir die Überforderung zwar, wissen aber nicht, wie wir angemessen darauf reagieren sollen. Schauen wir noch einmal auf Emil und seine Mutter (siehe Seite 172). An welcher Stelle kippt es in der Kommunikation und wann entsteht das Gegeneinander, die Konfrontation?

Emil ist, ohne auf die ersten Worte seiner Mutter zu reagieren, an ihr vorbei und in sein Zimmer geflitzt. Er trägt noch seine Jacke und die Schuhe, die Mutter folgt ihm und fordert ihn auf: »Emil, bitte zieh die Schuhe aus und häng die Jacke auf! Deine Brotbüchse brauche ich auch in der Küche und wir waschen doch immer die Hände, wenn wir von draußen reinkommen.«

» DIE BEWÄLTIGUNG EINES KITA-ALLTAGS BEDEUTET FÜR KINDER EINE GROSSE EMOTIONALE HERAUSFORDERUNG. «

Emil ist vier Jahre alt. Er hat bereits einen langen Tag hinter sich. Er ist früh aufgestanden, hat sich angezogen, hat gefrühstückt und sich dann von seiner Mutter in den Kindergarten bringen lassen. Dort hat er viel erlebt. Neben einem hohen Geräuschpegel hat er Auseinandersetzungen und Begegnungen mit anderen Kindern gehabt, er hat gespielt und war in Kontakt zu seinen dortigen Bezugspersonen. Das alles sind wichtige Erfahrungen für ihn – es ist jedoch auch anstrengend und bringt ihn an seine emotionalen Grenzen. Und nun kommt er am Nachmittag aus dem Kindergarten, wo er eben diesen großen Herausforderungen ausgesetzt war, ebenfalls ständigen Aufforderungen gefolgt ist und vielfältige ANPASSUNGSLEISTUNGEN vollzogen hat. Als seine Mutter dann Alltägliches von ihm verlangt, kann Emil nicht mehr sofort kooperieren. Er zeigt es und spricht es auch aus: »Gleich, Mama, ich will nur kurz …«, versucht er sich etwas Luft zu verschaffen! Schnell sind wir Eltern genervt davon, wenn im Alltag mit Kindern nicht alles so zügig geschieht, wie wir uns das vorgestellt haben. So auch Emils Mutter: »Nein, jetzt«, unterbricht sie ihn genervt. »Du weißt das doch alles, warum machst du das denn nicht?«

Hier wird Emil nun auch noch mit einem VORWURF konfrontiert: »Du weißt es doch – warum machst du es nicht?« Das ist zu viel für ihn. Wenn Emil bisher noch einigermaßen ansprechbar und auch durchaus bereit schien, nach einer kurzen Pause (»Ich will nur kurz …«) wieder zu kooperieren, so sinkt nach diesem Vorwurf seine Bereitschaft dazu mehr als deutlich: Er verzieht das Gesicht und dreht den Kopf weg. »Ich will nicht!«, sagt er entschlossen. Emil zeigt nun Widerstand, der aus einer Überforderung heraus entstanden ist, und signalisiert: Jetzt entscheide ich. Er drückt das so aus: »Erst spiel ich fertig!«

Und das ist die Stelle, an der wir Eltern den Widerstand unserer Kinder als Herausforderung für einen MACHTKAMPF sehen und diese auch annehmen. Wir sehen es bei Emils Mutter: Sie wird zunehmend ärgerlich und erklärt immer wieder, dass das Bett dreckig werde und er doch auch den gesamten Vormittag im Sand gespielt habe und deshalb erst die Hände waschen müsse.

Manchmal sind die Situationen einfach so. Auch wir Erwachsene haben einen anstrengenden Tag und sind überfordert! So kann es passieren, dass die Überforderung bei Groß und Klein aufeinandertrifft und dann alles in einem verbalen Gerangel endet. Tatsache ist jedoch auch, dass beide – Kinder und Eltern – sich unverstanden fühlen und unglücklich in diesem Gegeneinander zurückbleiben. Wir können das nicht immer vermeiden. Aber öfter! Denn wir können die Erkenntnis, dass Kinder nicht grundsätzlich widerständig sind, in solchen Momenten nutzen. Ebenso wie die Erkenntnis, dass Kinder ein Autonomiebedürfnis haben und Raum für eigene Entscheidungen brauchen (siehe Seite 66). Dieser Raum kann in einem solchen Konflikt maßgeblich dafür sein, dass die Kooperationsbereitschaft (wieder) steigt.

Einen Schritt zurücktreten

Wichtig ist also, Kindern den Rückweg in die Kooperation mit uns zu erleichtern und aus dem Machtkampf mit ihnen ganz bewusst auszusteigen, indem wir ihnen eigene Entscheidungen zugestehen. Oft braucht es hier gar nicht viel: Wir müssen nur einen kleinen Schritt zurücktreten, statt immer mehr auf die Kinder einzureden. Im Beispiel von Emil könnte das folgendermaßen aussehen.

*E*mil (vier Jahre) kommt mit seinem Papa nach seinem Kindergartentag nach Hause. Kaum hat sein Vater die Tür aufgeschlossen, drückt Emil sich an ihm vorbei. »Hallo, Emil«, ruft seine Mutter. »Ich bin in der Küche, komm, wir wollen gleich essen.« Emil rennt an der Küche vorbei in sein Zimmer, wirft seinen kleinen Rucksack in die Ecke und klettert auf sein Bett. Seine Mutter kommt dazu. »Werde ich gar nicht begrüßt?«, fragt sie und streckt den Kopf ins Zimmer. »Komm bitte, wir wollen gleich essen.« Sie verzieht genervt ihr Gesicht, als sie sieht, dass Emil – noch in Jacke und mit Schuhen an den Füßen – auf dem Bett spielt. »Emil, bitte zieh die Schuhe aus und häng die Jacke auf! Deine Brotbüchse brauche ich auch in der Küche und wir waschen doch immer die Hände, wenn wir von draußen reinkommen. Und dann komm bitte schnell zum Essen.«

Emil scheint sehr beschäftigt: »Gleich, Mama, ich will nur kurz …« – »Was möchtest du, Emil?«, fragt seine Mutter. »Nur kurz spielen …« – »Aha! Meinst du, es dauert lange? Ich warte mit dem Essen schon eine ganze Weile!« Emil schaut auf: »Ich will aber jetzt!« – »Das verstehe ich, vielleicht kannst du jetzt alles vorbereiten und nachher dann spielen? Ich gehe schon mal vor und du kommst gleich, ja?« Emil nickt stumm mit dem Kopf. »Ach, und kannst du bitte dann auf dem Weg zum Essen deine Brotbüchse mitbringen?« – »Ohhhhh«, stöhnt Emil, »immer die blöde Brotbüchse!« Emils Mutter kann die Überforderung spüren. »Wenn du sie mir aus deinem Rucksack gibst, dann nehme ich sie jetzt mit in die Küche«, macht sie Emil ein Angebot. Emil springt auf, kramt seine Brotdose aus dem Rucksack und streckt sie seiner Mutter hin. »Komm, Emil, ich helf' dir aus der Jacke, die sollten wir auch noch aufhängen.« – »Warte, Mama«, sagt Emil darauf, »ich muss noch meine Schuhe ausziehen.« Er setzt sich auf den Boden und beginnt, seine Schuhe aufzuschnüren. Seine Mutter steht geduldig in der Tür. Emil gibt ihr Brotbüchse und Jacke und sagt: »Die Schuhe bringe ich gleich mit nach vorne.« – »Gut!«, antwortet seine Mutter »Bis gleich dann.«

Es dauert keine fünf Minuten, da ist Emil vorne, wäscht sich mit seinem Vater gemeinsam die Hände und sitzt zufrieden am Esstisch.

Was hat Emils Mutter nun gemacht? Wie hat sie auf die eingeschränkte Ansprechbarkeit, den Rückzug und die Abgrenzung von Emil reagiert?

» **MACHTKAMPF VERMEIDEN:** Emils Mutter konnte feinfühlig ihre eigene Erwartung und den Wunsch, dass ihr Sohn zunächst seine Jacke aufhängt und so weiter, zugunsten seines Bedürfnisses nach einer kurzen Verschnaufpause zurückstellen.

» **VERSTÄNDNIS ZEIGEN:** Sie konnte Emil mit Verständnis begegnen (»Das verstehe ich«), ohne ihre grundsätzliche Position, dass jetzt gleich gegessen wird, aufzugeben (»Ich warte schon eine ganze Weile«), und sie konnte spüren, dass Emil gerade überfordert ist (»Ohhh … immer die blöde Brotbüchse!«).

» **KOMPROMISSE UND UNTERSTÜTZUNG ANBIETEN:** So hat sie Emil einen kleinen Kompromiss vorgeschlagen (»Vielleicht kannst du alles vorbereiten und später spielen?«) sowie Unterstützung angeboten (»Wenn du mir die Brotbüchse gibst, nehme ich sie jetzt mit in die Küche.«) und so mit Emil gemeinsam die Anforderungen sortiert und Druck aus der Situation genommen.

» **RÄUME FÜR AUTONOMIE SCHAFFEN:** Sie hat Emil den Kompromiss vorgeschlagen und dann gesagt: »Ich gehe schon mal vor.« Sie vertraut hier darauf, dass ihr Sohn ihren Vorschlag annimmt und dann selbstständig zum Essen kommen wird.

Wenn Eltern diese Schritte berücksichtigen, kann aus einem Gegeneinander ein Miteinander werden. Hier dürfen Sie Mut zum Ausprobieren haben, denn nicht immer gibt es sofort eine Lösung. Das dürfen Eltern dann benennen: »Ich will jetzt essen und du spielen.« In einem weiteren Schritt können Sie Ihr Kind miteinbeziehen und fragen, ob es selbst vielleicht eine Idee hat, was jetzt ein guter Weg wäre. Kinder sind hier sehr kreativ und geben wertvolle Anregungen. Sie werden überrascht sein, wie leicht es sein kann, aus einem Machtkampf auszusteigen und im Alltag Kompromisse zu finden.

» KINDER SIND LEICHTER ÜBERFORDERT, ALS WIR DENKEN, ABER SEHR SCHNELL WIEDER KOOPERATIONSBEREIT, WENN WIR IHNEN ETWAS LUFT LASSEN KÖNNEN. «

RÜCKENSTÄRKUNG
Bedürfnisse wahrnehmen statt kämpfen

Es fühlt sich für Eltern erst einmal neu an, einen Schritt zurückzutreten und auf das verbale Gerangel mit ihren Kindern zu verzichten. Denn es scheint zum Elternsein dazuzugehören, Machtkämpfe mit den Kindern führen und gewinnen zu müssen. Die eigene Erziehung und herkömmliche Ansichten (siehe Seite 14) verhindern, dass Eltern Verständnis aufbringen und Kompromisse anbieten, wenn Kinder »sich verweigern«. Sie erkennen oft nicht, dass ein Kind im Alltag manchmal einfach überfordert oder gekränkt ist.

Wenn wir uns jedoch im täglichen Leben mit Kindern darum bemühen, Machtkämpfe zu vermeiden, Verständnis zu entwickeln, Unterstützung anzubieten und Kompromisse zu suchen, sind Kinder eben nicht – wie oft befürchtet – führungslos und ohne Orientierung, sondern erleben Eltern, die feinfühlig ihre Bedürfnisse wahrnehmen und auf diese eingehen. Die Botschaft ist dann: Ich werde gesehen und mit meinen Bedürfnissen wahrgenommen. Das Vertrauen in uns Eltern wird so gestärkt und Kinder erfahren, dass sie sich auf ihre Eltern verlassen können.

Wenn Kinder sich dauerhaft verweigern

Manchmal ist die Beziehung zwischen Eltern und Kind so verfahren, dass die Erwachsenen den Eindruck bekommen, mit ihren Anliegen überhaupt nicht (mehr) gehört zu werden. Dann kommt es regelmäßig zu Eskalationen und Machtkämpfe verfestigen sich, was bei Kindern dann zu einer dauerhaften Kränkung und Überforderung führen kann.

Die Eltern der achtjährigen Sara schildern mir in der Beratung folgende Situation: Ihre mittlere Tochter sei zunehmend »aufsässiger« geworden, suche ständig Streit mit ihren Geschwistern und beschimpfe sie, die Eltern. Im Gespräch wurde deutlich, dass sie das

Gefühl hatten, von ihr nicht wahrgenommen zu werden: »Wenn wir sie für die Hausaufgaben ermahnen oder zurechtweisen, dann wird sie entweder frech oder verstummt ganz – schaut uns nicht mal an! Starrt nur auf den Boden«, erzählt die Mutter. Der Vater beklagt sich, dass Sara bei Auseinandersetzungen nie zuhören wolle: »Ich unterbreche sie dann schon und sage ihr, dass sie still sein soll, wenn ich als ihr Vater rede.«

Bei Sara haben verschiedene Aspekte zu einer MISCHUNG aus Überforderung und dauerhafter Kränkung geführt: Ihr Gefühl, den Ansprüchen und (für sie zu hohen) Erwartungen der Eltern nicht gerecht zu werden, gepaart mit der abwertenden Art der Kommunikation des Vaters (»Wenn ich als Vater rede, bist du still.«). In der Folge verweigert sie die Kooperation auf ganzer Linie. Da die Eltern Saras Verhalten nicht als Signale lesen konnten, haben sich die Konflikte verfestigt.

Zu einer Kränkung kommt es, wenn wir einem Kind ständig (oft unbewusst) angebliches Versagen und Fehlverhalten vorwerfen, und seine Verweigerung ist immer ein Hinweis darauf, dass es emotionale Unterstützung benötigt. Dann gilt es zu überlegen, wo eine Kränkung entstanden sein und in welchem Bereich eine Überforderung vorliegen könnte. Manchmal ist hierfür eine Beratung hilfreich, um über den »Tellerrand« schauen zu können. Darüber hinaus ist wichtig, die Kränkung und Überforderung anzusprechen und Verständnis zu zeigen: »Es TUT MIR LEID, dass ich dir das Wort abgeschnitten habe. Ich möchte gerne wissen, wie es dir geht. Lass es uns noch mal probieren.« Und: »Ich sehe, dass du gerade viel zu tun hast und erschöpft bist. Kann ich etwas tun, um dich zu entlasten oder dich zu unterstützen?« Das Kind empfängt dann folgende Botschaften: Meine Eltern sehen und verstehen mich! Mein Gefühl (Alles ist zu viel!) stimmt, ich fühle richtig! Ich darf mir Unterstützung und Hilfe von meinen Eltern holen!

> **» ZIEL IST NICHT UNBEDINGT, KINDER VOR EINER ÜBERFORDERUNG ZU BEWAHREN, SONDERN DIESE ZU ERKENNEN, ZU VERSTEHEN UND DAS KIND DAMIT NICHT ALLEINE ZU LASSEN. «**

ETWAS MITEINANDER MACHEN UND ERLEBEN

Gemeinsam etwas zu tun und Erlebnisse zu teilen stellt den Kern unseres Zusammenlebens mit Kindern dar und spielt eine wesentliche Rolle in der Eltern-Kind-Beziehung. Im Alltag passiert es jedoch, dass wir uns zu wenig Zeit nehmen und so emotionale Bedürfnisse von Kindern übersehen und vernachlässigen. Und damit jeden Tag alles gut funktioniert, wollen wir das Leben und das Zusammenleben mit klaren Regeln und entsprechenden Sanktionen (siehe Kapitel 4) organisieren, was häufig zu Machtkämpfen führt und das Familienleben unnötig belastet. Ich kann gut nachvollziehen, dass all dies aus der Schnelllebigkeit unserer heutigen Zeit heraus geschieht. Ebenso, dass Eltern sich damit nicht wohlfühlen. Aber dennoch: Kinder haben das Recht auf die Befriedigung ihrer emotionalen Bedürfnisse, die wir oft übergehen. Gemeint ist beispielsweise das Bedürfnis nach:

» Anerkennung,
» Zugehörigkeit,
» Körperkontakt
» Wertschätzung,
» Liebe und Verbundenheit,
» Loyalität sowie
» das Bedürfnis danach, gesehen und beachtet zu werden und eine Bedeutung zu haben.

Alltagssituationen nutzen

Im gemeinsamen Tun werden alle diese Bedürfnisse erfüllt. Nehmen wir ein scheinbar belangloses »gemeinsames Projekt« wie zum Beispiel den Tisch decken. Gerne halten wir die Kinder zu dieser Tätigkeit an. Nicht nur, weil wir vielleicht Hilfe benötigen, sondern auch und vor allem, weil wir denken: Kinder müssen und sollen lernen, dass sie sich in einer sozialen Gemeinschaft engagieren und für diese auch Aufgaben übernehmen. Auch sollen sie lernen, dass man sich gegenseitig hilft! Hier ist er wieder, der herkömmliche Erziehungsgedanke (siehe Seite 14). Nachvollziehbar – jedoch überflüssig. Kinder lernen, dass man sich hilft, wenn wir ihnen helfen! Wir müssen das Tischdecken nicht in eine Regel (»Jeder hilft mit, den Tisch zu decken«) verpacken.

Verbundenheit im Familienritual

Wir können die Kinder EINLADEN, mit uns gemeinsam tätig zu werden, und das Tischdecken so einfach zu einem (Familien-)Ritual machen. Vertrauen Sie darauf, dass Kinder Teamworker sind und dabei sein wollen. Sie haben das Bedürfnis, sich mit uns zu verbinden, und wollen die Beziehung in gemeinsamen Aktionen spüren. Denn jeder ist wichtig und alle werden gesehen mit dem, was sie beitragen: Der 10-Jährige, der das Tablett mit Geschirr tragen oder auch die schwere, heiße Teekanne auf den Tisch stellen kann, die 6-jährige Schwester, die jedem Familienmitglied ein Messer an den Teller legt, der 3-Jährige, der die Butter an den Tisch bringt und so auch mit dabei ist und ebenfalls zum gemeinsamen Tischdecken beiträgt. Das Ritual findet tagtäglich und selbstverständlich statt als lebendiges Miteinander. Oft lassen wir solche Alltagssituationen und somit kostbare Momente und günstige Gelegenheiten ungenutzt verstreichen. Oder es geht uns nicht schnell genug, wir lassen den Kindern dann zu wenig Zeit und machen lieber gleich alles selber – weil ja der Tisch vermeintlich jetzt sofort gedeckt werden muss. Vielleicht passt das Tischdecken als gemeinsames Ritual in Ihrem Familienalltag gerade nicht. Dann finden Sie sicher andere Möglichkeiten, INTENSIVE BEGEGNUNGEN herzustellen und Aktivitäten mit Ihren Kindern zu teilen (zum Beispiel aufräumen, die Wäsche aufhängen, einkaufen …).

Besondere gemeinsame Projekte

Neben den gemeinsamen Alltagsritualen sind auch andere gemeinsame Projekte wichtig, um sich im gemeinsamen Tun zu spüren: So machen Eltern und Kinder eine wesentliche Erfahrung miteinander, wenn sie zum Beispiel im Team ein Baumhaus bauen. Dabei ist ein Miteinander unerlässlich, denn es sind viele verschiedene Fähigkeiten gefragt:

Ein Plan entsteht und es braucht Werkzeug. Welches, und wer besorgt es? Wer kann am besten klettern und wer am besten tragen? Oder ganz grundsätzlich gefragt: Wer kann was besonders gut und kann so das gemeinsame Projekt bereichern und nach vorne bringen? Im Lauf des Prozesses erwerben Kinder dann auch viele Fertigkeiten, was sie als ebenso beglückend erleben wie das gemeinsame Tun mit ihren Eltern. Und es entsteht zwischen allen Beteiligten ein unsichtbares Band der VERBUNDENHEIT. Im gemeinsamen Projekt werden die emotionalen Bedürfnisse von großen und kleinen Menschen erfüllt.

Gemeinsam zu mehr Glück und Zufriedenheit
Die Erfahrung, Verantwortung im gemeinsamen Projekt übernehmen zu dürfen, hat großen Einfluss auf die Entwicklung des Selbstwertgefühls, die ich als entscheidendes Merkmal für das gesunde Aufwachsen von Kindern sehe. Das Selbstwertgefühl kann wachsen, wenn wir von einer uns nahestehenden Person die Botschaft erhalten: »Du bist okay, so wie du bist.« Diese Botschaft ist der Samen, der genährt wird durch die Erfahrung, im gemeinsamen Tun mit anderen Menschen für diese WERTVOLL und WICHTIG zu sein.
Daneben ist auch die Erfahrung der Selbstwirksamkeit (siehe Seite 67) grundlegend für ein gesundes emotionales Wachstum. Gerade in gemeinsamen Aktivitäten mit den Eltern können Kinder sich als selbstwirksam erleben, denn wenn sie bewusst Aufgaben übertragen bekommen oder übernehmen, können sie auch deutlich sehen, was sie selbst bewirkt haben. Diese Selbstwirksamkeit empfinden Kinder bei größeren Projekten noch stärker als bei Alltagsaktionen. Die Bedeutsamkeit unseres Handelns wahrzunehmen ist ein wesentlicher Grund dafür, dass wir zufrieden sein und Glück empfinden können.

Was Kinder brauchen – wie Beziehung gelingt
Ich bin fest davon überzeugt, dass Kinder zum gesunden Aufwachsen vor allem eine vertrauensvolle und konstruktive Beziehung zu ihren Eltern brauchen. Diese kann nur dort wachsen, wo Macht nicht missbraucht wird. Macht haben Eltern ja per se. Die Frage ist also, wie wir aus dieser elterlichen Macht heraus verantwortlich im Sinne der Kinder

agieren und unsere Liebe in wertschätzendem Handeln ausdrücken können, statt machtvoll (oft gewaltvoll) unsere Interessen gegen die emotionalen Bedürfnisse der Kinder durchzusetzen.

Von ERziehung zu BEziehung, vom Gegeneinander zum Miteinander: Das wird nicht von heute auf morgen geschehen. Es ist ein grundlegender Bewusstseinswandel, der bei uns selbst und unserer eigenen Familie beginnt. Kinder brauchen also Eltern, die sich auf diesen Prozess einlassen, Eltern, die sich selbst hinterfragen und sich hinterfragen lassen. Und Eltern, die Werte wie Achtsamkeit, Wertschätzung, Vertrauen, Verantwortung und das gemeinsame Miteinander im gleichwertigen Dialog immer wieder in den Mittelpunkt ihres Familienlebens stellen. So kann eine vertrauensvolle, fürsorgliche, stabile Eltern-Kind-Beziehung wachsen und gelingen.

AHA-EFFEKTE

- Kinder sind Teamworker und wollen mit uns Eltern kooperieren.
- Die Kooperationsbereitschaft von Kindern sinkt, wenn sie überfordert sind und/oder gekränkt werden.
- Manchmal kränken wir Kinder, ohne dass wir es bemerken.
- Kinder sind im Alltag schneller überfordert, als wir es annehmen.
- Das Kind meint es nicht böse! Es will niemanden ärgern! Seine Verweigerung resultiert aus einer Überforderung heraus.
- Wenn ich mein Kind gekränkt habe, kann ich Verantwortung dafür übernehmen und so aus dem Machtkampf aussteigen.
- Ich kann aus dem Machtkampf aussteigen oder ihn verhindern, indem ich Verständnis für die Überforderung aufbringe.
- Ich kann mein Kind bei Überforderung unterstützen.
- Das gemeinsame Tun ist wesentlich für eine gelingende Beziehung.

Bücher, die weiterhelfen

Dornes, Martin: Die emotionale Welt des Kindes. *Fischer*

Juul, Jesper: Nein aus Liebe. Klare Eltern – starke Kinder. *Kösel*

Kohn, Alfie: Liebe und Eigenständigkeit: Die Kunst bedingungsloser Elternschaft, jenseits von Belohnung und Bestrafung. *Arbor*

Largo, Remo: Babyjahre. Entwicklung und Erziehung in den ersten vier Jahren. *Piper*
Kinderjahre. Die Individualität des Kindes als erzieherische Herausforderung. *Piper*

Miller, Alice: Am Anfang war Erziehung. *Suhrkamp*

Neubronner, Dagmar: Der Neufeld-Ansatz für unsere Kinder. *Genius*

Renz-Polster, Herbert: Kinder verstehen. Born to be wild: Wie die Evolution unsere Kinder prägt. Mit einem Vorwort von Remo Largo. *Kösel*

Saalfrank, Katharina: Du bist ok, so wie du bist – Beziehung statt Erziehung. *Goldmann*

Saalfrank, Katharina: Kindheit ohne Strafen. *Beltz*

Schneider, Wolfgang/Lindenberger, Ulman (Hrsg.): Entwicklungspsychologie. Vormals Oerter & Montada. Mit Online-Materialien. *Beltz*

Stern, Daniel: Mutter und Kind – die erste Beziehung. *Klett-Cotta*
Die Lebenserfahrung des Säuglings. *Klett-Cotta*

Bücher aus dem Gräfe und Unzer Verlag

Bohlmann, Sabine: Ein Löffelchen voll Zucker... und was bitter ist, wird süß

Illing, Stephan: Kinderkrankheiten verstehen und behandeln

Juul, Jesper: Vier Werte, die Kinder ein Leben lang tragen.
Vier Werte, die Eltern und Jugendliche durch die Pubertät tragen

Keicher, Ursula: Kinderkrankheiten

Renz-Polster, Herbert/Imlau, Nora: Schlaf gut, Baby!: Der sanfte Weg zu ruhigen Nächten

Soldner, Georg/Vagedes, Jan: Das Kinder-Gesundheitsbuch

Stellmann, Michael/Soldner, Georg: Kinderkrankheiten natürlich behandeln

Stumpf, Werner: Homöopathie für Kinder

Adressen, die weiterhelfen

www.katiasaalfrank.de

Website der Autorin zu ihrem bindungs – und beziehungsorientierten pädagogischen Ansatz, ihrem Beratungsangebot sowie mit der Möglichkeit zur Online-Terminvereinbarung.

www.katiasaalfrank.de/familienwerkstatt-kinderbesserverstehen/

Die Mitglieder der Online-Plattform Familienwerkstatt KinderBesserVerstehen können sich fortlaufend bindungs- und beziehungsorientiert begleiten lassen. So haben Eltern dauerhaft eine Anlaufstelle und können noch sicherer im Umgang mit ihren Kindern werden.

www.einfach-eltern.de

Auf dieser Seite sind Kurse und Workshops für Eltern zu finden. Außerdem jede Menge Links zu den wichtigsten Themen im Alltag mit Kindern. Bei Einfach Eltern® stehen Wertschätzung, Gleichwertigkeit und Nähe im Vordergrund.

www.kinderbesserverstehen.net

Plattform für bindungs- und beziehungsorientierte Elternkurse sowie Familienberatung. Hier finden sich entsprechende Angebote für Eltern und alle, die mit Kindern zu tun haben.

www.kindergartenpaedagogik.de

Ein Kita-Handbuch, herausgegeben von Martin R. Textor. Hier insbesondere empfehlenswert der Beitrag: Erkennen, fühlen, benennen ... Grundlagen der emotionalen Entwicklung im frühen Kindesalter.

http://geborgen-wachsen.de

Blog der Kleinkindpädagogin Susanne Mierau. Wissenswertes zu den Themen Bindung und Geborgenheit, Schwangerschaft, Baby und Kleinkind.

www.nestling.org

Blog zum Thema Nestwärme, der Eltern ermutigt, ihrer eigenen Intuition zu folgen und auf die emotionalen Bedürfnisse ihrer Kinder zu hören.

www.gewuenschtestes-wunschkind.de

Blog über das Leben mit Kindern und die dazugehörigen Bereiche Entwicklung, Erziehung, Gesundheit, Ernährung, der die emotionalen Bedürfnisse in den Mittelpunkt stellt.

www.rabeneltern.org

Webangebot des Vereins Rabeneltern.org e.V. als Rückenstärkung für eine gewaltfreie, respektvolle und fürsorgliche Erziehung.

Register

Impressum

© 2016 GRÄFE UND UN-ZER VERLAG GmbH, München
Alle Rechte vorbehalten. Nachdruck, auch auszugsweise, sowie Verbreitung durch Bild, Funk, Fernsehen und Internet, durch fotomechanische Wiedergabe, Tonträger und Datenverarbeitungssysteme jeder Art nur mit schriftlicher Genehmigung des Verlages.

Projektleitung: Reinhard Brendli
Lektorat: Ulrike Auras
Bildredaktion: Nadia Gasmi

Umschlaggestaltung und Layout: independent Medien-Design, Horst Moser, München
Herstellung: Susanne Mühldorfer
Satz: griesbeckdesign, Dorothee Griesbeck, München
Repro: medienprinzen, München
Druck & Bindung: Drukarnia Dimograf, Polen

ISBN 978-3-8338-5298-5

5. Auflage 2019

Bildnachweis

Illustrationen: Elsa Klever

Fotos:
Getty Images: Cover, S. 28, 170; Istockphoto: S. 6, 138, 154; Plainpicture: S. 52, 82, 108; Shutterstock: Kastenhintergründe; Christian Thomas: S. 4

Syndication:
www.seasons.agency
Ein Unternehmensbereich der StockFood GmbH, Tumblingerstr. 32, 80337 München, Tel: 089-7472020

Umwelthinweis

Dieses Buch ist auf PEFC-zertifiziertem Papier aus nachhaltiger Waldwirtschaft gedruckt.

Liebe Leserin, lieber Leser,

haben wir Ihre Erwartungen erfüllt? Sind Sie mit diesem Buch zufrieden? Haben Sie weitere Fragen zu diesem Thema? Wir freuen uns auf Ihre Rückmeldung, auf Lob, Kritik und Anregungen, damit wir für Sie immer besser werden können.

GRÄFE UND UNZER Verlag
Leserservice
Postfach 86 03 13
81630 München
E-Mail:
leserservice@graefe-und-unzer.de

Telefon: 00800 / 72 37 33 33*
Telefax: 00800 / 50 12 05 44*
Mo–Do: 9.00 – 17.00 Uhr
Fr: 9.00 – 16.00 Uhr
(* gebührenfrei in D, A, CH)

Ihr GRÄFE UND UNZER Verlag
Der erste Ratgeberverlag – seit 1722.

Ein Unternehmen der
GANSKE VERLAGSGRUPPE

www.facebook.com/gu.verlag